生きない経験、
報われない努力にサヨウナラ

渓流釣り超思考法

白滝治郎

つり人社

はじめに

深山幽谷へと分け入り、木々の緑に囲まれながら、風のざわめきと小鳥のさえずりが心地よい流れにサオをだす。清冽な流れから飛び出してくるヤマメやアマゴたち、渓流の宝石と戯れる至福の時が過ぎていく。そんな情景にあこがれて渓流釣りの世界へと足を踏み入れたあの頃。

それから数年、いや10年近くが経ち、ある程度の経験を積み、傍《はた》から見るとそろそろベテランと呼ばれる域に達しようかという経験を持ちながら、「納得できる釣りができない、どうしても思うように釣れないじゃないか」と疑心暗鬼になりかけている釣り人は、案外多いものです。

シーズン中の釣行日数もそれなりに重ね、意欲的に釣りに励み、最新のタックルを取り揃え、もちろん情報収集にも余念がなく一所懸命に取り組んでいます。ときには好釣果にも恵まれ、ただそれでも釣れないジレンマに苛《さいな》まれることのほうが圧倒的に多くて……といった相談を受けることがあります。いかがでしょうか、思い当たる節はありませんか。きっと「あるある」の方が多いと思います。

本書はこうした多くの釣り人が経験するハードルを乗り越えるためのヒントを散りばめながら、ステップアップするためのきっかけとなってもらえればとの思いを込めて書き下ろしました。決して仕掛け作りや釣り技術、理論の解説に特化した本ではありません。読者の皆さんが抱える問題点に気付いてもらい、さまざまな角度から見直しながら解決の糸口を探り、今一度渓流釣りの本質に迫っていくことが本書の目差すところです。

まず、自らの現状を認識していただき、そのうえですぐに実行できそうな簡単な問題の解決策から自分の釣りを見直し、進歩させるために必要な問題点の解決に至ることができる内容を心がけています。したがって顔をしかめてではなく、さらっとエッセイに目を通す感じでお読みください。そして「アレッ?」と思う気付きを得ていただければ幸いです。そのうえでもう一度熟読いただき、既刊『渓流釣り入門』(つり人社・2013)や『渓流釣りがある日突然上手くなる』(つり人社・2010)なども手元に置きながら、技術、理論の復習に役立てていただければ、効果は絶大なものになると思います。

名手と呼ばれる人の釣りには、華があります。サオの構えや振り込み、仕掛けの流し方から取り込みといった釣技はもちろん、立ち居振舞いのすべてに無駄がなく、ダレることなく緊張感を保った状態で渓流に溶け込む。いいじゃないですか。そんな華のある釣り人になりたいあなたに、ぜひ本書をお読みいただきたいと思います。

CONTENTS

Ⅰ 「イマイチ釣れない人」の共通項

Ⅱ 今、すぐに効く！ 金のアドバイス

Ⅲ　自分の釣りを見直す

イラスト　廣田雅之

I

「イマイチ釣れない人」の共通項

頭でっかちの釣り人になっていないか

渓流に限らず、釣り全般で上達への道のりは近年大きく変わりました。昔はまず誰かに手取り足取り教えてもらうことから始まり、釣りに誘ってくれた人がいれば必然的にその人が師匠となり教えを請うたものです。つまり、身近に腕達者がいるかどうかが上達のための大きな条件でした。先輩（師匠）の邪魔にならないようにビク持ちをしながら教えてもらったり、ときにはコソッと技を見て盗んだり、そんなことに多くの時間を費やしました。一方で数少ない釣り雑誌や書籍を買い求め、あるいは釣具店で情報を得ながら基本を学び、腕を磨いたものです。

さて、現代は釣りの世界も情報が氾濫する時代です。釣り具メーカーや釣り人が開設するホームページ、ブログ、さらにはフェイスブックやツイッターに至るまでいろいろな情報が乱れ飛んでいます。講習会なども各地で盛んに行なわれ、スマホやタブレットの普及で動画をいつでも手元で見ることができます。少し前までは考えられないくらい手軽に最新タックルや釣法、釣り場情報を入手できる世の中になりました。

ところが、そんなあふれかえる情報に戸惑ってしまうことが多々あるのも事実です。その結果あれもこれもと手を出しすぎて、やっていることに一貫性がなくなったり、目標に到達する以前にほかに手を出してしまったりという釣り人が多く見受けられます。俗にいう、頭でっかちの釣り人の氾濫です。

自分がそうならないためには、まず入手した情報を整理することから始めましょう。必要なものと不必要なもの、正しいと思われる情報と中にはそうではないものもあるので、これもしっかり区分けします。そのうえで必要なものだけを選んで利用することを心がけましょう。そうすることで不必要な情報に振り回されずにすみます。そして得たものを自分の知識として蓄えていくのです。

もちろん、せっかく仕入れた知識と情報は有効に利用しなければ価値がありません。つまり自分の釣りに取り入れ、実行してみて、できなければ原因を探りながら繰り返し練習します。確実に自分のものにしていかなければ、どんな知識や情報もただの宝の持ち腐れになるだけ。頭でっかちの釣り人にならないためには、実践あるのみです。

進歩のない繰り返しは釣果に結びつかない

渓流釣りでは釣り歴10年、だいたいこのあたりが初心者とベテランの境目といわれます。中には「10年なんて未だ若造だ」とおっしゃる御仁もありましょう。しかし、ベテラン＝名手という図式が成り立たないのも釣りの世界ではありがちなことです。渓流釣りを始めて3年で安定した釣果を上げている人もいれば、何年経っても一向に釣果を向上させることができない人が多いのも渓流釣りの世界なのです。

そんな今ひとつ進歩が見えてこない釣り人にありがちなのが、成功例への固執です。たとえば以前に一度でもよい思いをしたポイントは永遠の1級ポイントに見え、そのとき使ったタックルはよいものだとの思い込みがずっと尾を引いていたりします。極端な例では、毎回ほぼ同じ時間に釣り場に到着し、同じ入渓点から釣り始め、同じ距離を釣り歩いて、同じような時間に納竿するといった具合です。

エサにしても然《しか》りです。僕は以前、年中キヂしか使用しない釣り人に出会ったことがあります。キヂを上手く使いこなす術を備えているのだろうと思い理由を聞くと、返ってきた答えが「この川で数年前にキヂで大釣りしたことがある」でした。あえて反論しませんでしたが、「この時期のこの川はヒラタのほうがよいと思いますよ」とだけ話して少しエサをあげ、その場を立ち去った記憶があります。せめて「キヂしか使ったことがない」とかであれば話ができたのですが。こんな例は特別ですが、それでは進歩は望めません。

また、「誰某は釣りのセンスがある」といった言葉を耳にします。確かにそういうことはいえますし、センスのある人は上達も早い。でもスポーツの世界と違って釣りは身体能力最優先ではありませんから、多少の適否の差こそあれ、努力によってそれを越えることは充分に可能です。

結局大切なのは、せっかく得ることのできた経験を次に生かすことができるかどうか？ということです。今日の釣りより明日の釣り、明日の釣りより明後日の釣りといった具合に、釣り場で経験する出来事、特に失敗例を忘れずに持ち帰り、冷静に分析して反省すべきは反省しながら次回に役立てる。この繰り返しが釣技の向上につながっていくのです。もちろんその場で対策が見つかればすぐに実行してみるのはいうまでもありません。

その日の釣りを終えて帰路につきます。身も心も疲れ果ててバタン・キュー、いやちょっと待ってください。布団の中ででも結構ですから、今日一日の釣りの反省点を思い出し、対策を練ってみましょう。そして次回の釣りで一工夫して改善できたなら、きっと釣果に反映されるはずです。

装備は一流、でもその特性を理解して使ってる？

釣り具メーカーではサオをはじめイト、ハリからその他の装備品に至るまで、現代科学の粋を集めた素材を用いて製品開発を行なっています。フィールドテスターの実釣テストを繰り返して開発された最先端のタックルはまさに日進月歩で目を見張るものがあります。最新タックルは上手く使いこなすことさえできれば、釣果に直結する効果を発揮してくれます。ところが、実際には皆がその機能を引き出す使い方ができているかというと、そうではない人が案外多いのもまた事実です。

数年前、僕自身がテストを繰り返してダイワからリリースされた「流覇」という渓流ザオがあります。スーパーメタルトップ（以下「SMT」と略）という金属穂先を搭載したこのサオの開発コンセプトは、目視のみでアタリをとっていた渓流釣りで、感度に特化したサオを導入することでアタリが目印に出る前に手元で感じ取ってしまおうというものでした。これにより、目印に出ない渓魚の前アタリや、仕掛けを流す際の川底のようすまでもが「感度」という目に見えない感覚によって釣り人にもたらされました。

渓流釣りでここまで必要か？　というほどの仕上がりを見せたサオでしたが、実際に釣り場で使用していただいている人の中には、効果を実感できていない人が案外多いことも分かってきました。つまりこのサオの機能を引き出すには、渓流釣りのイロハを理解し、仕掛けの振り込みから流し、アワセ、取り込みといった一連の操作をある程度のレベルでこなせることが最低限必要となってくるのです。そのとき初めて素晴らしい機能を発揮してくれるのが現代の最先端をいくタックルなのです。

もちろんSMTロッドがすべてではありません。サオはそれぞれの使い道によって異なる調子とパワーのセッティングがなされています。そこのところを理解していなければ宝の持ち腐れになってしまいます。たとえば源流や沢のように落差が多い釣り場では、ピンポイントに仕掛けを打ち

渓流ザオ（左４本）と本流ザオ（右５本）。最新タックルを使うことと、使いこなすことには大きな違いがある。それは釣果に表われる

込み、あまり長い距離を流すことなく魚を掛ける釣りをしなければならないので、先調子で胴に張りのあるサオが使いやすいでしょう。

　それよりもある程度の距離を流す渓流域では、仕掛けのブレを防ぎ、いなし性能を持つサオが求められるので、穂先と穂持ちがしっかりしていてやや胴に入る調子のサオのほうが使いやすくなります。

　本流域のような川幅があるポイントを探るには、サオ自体の長さが求められると同時に、大ものねらいともなると胴調子でかつパワーがあるサオ、一般に本流ザオと呼ばれる種類のサオが断然有利になってきます。さらに本流域の超大ものねらいには最大限のパワーが求められるので、相応のサオを準備する必要があります。

　サオを求める際の基準としては、重さも気になる要素です。自重表示がある程度参考になりますが、それ以上に考慮すべきは実際に使ってみて重く感じるか、軽く感じるかという点です。どの程度の持ち重り感があるかということになりますが、これは手に取ってみないことには分からないので、展示会や店頭で実際に振ってみるのが一番です。

　渓流ザオはアユザオほどではないにしろ、高価です。一方で安価な物もあります。価格帯で見ると、標準的な長さである6ｍの小継ぎ渓流ザオで1万円以下のものから、5万円を超えるものまでさまざまです。高ければよいサオかというと必ずしもそうではありませ

タックルの性能を引き出すことで釣りがどんどん楽しくなる

んが、安いよりは高いほうが高性能であることは間違いありません。定価2～3万円の製品であれば、安心してお使いいただけると思います。なお一般的に、同じレベルのサオでも長いほど価格は上がってきます。

ほかにもイトやハリなど仕掛けの中でも重要なパーツから、オモリ、目印、あるいは簡単おまつりほどきや速攻8の字結びなどの小物、ベスト、ウエーダーなどの衣類関係、その他の装備品についても、それぞれの使い方と特性があります。その点をよく理解して使用しなければ、これらも同様に宝の持ち腐れになることもあると覚えておきましょう。

大雑把なタックルバランス感覚は釣りを雑にする

　前項の続きになりますが、技術の粋を集めて開発されたサオは軽く高性能となり、目的によって多くの種類や長さが市販されています。また、イトもどんどん強くなり、渓流釣りでも細イトの使用が当たり前になりました。ハリもサイズ、型ともに豊富なバリエーションがあります。これらを使いこなすために最低限必要なこと、それはタックルのトータルバランスです。

　サオの強さに対してイトの太さ、ハリやオモリの大きさなど全体のバランスを無視したセッティングは、いろいろな面で大きなリスクを背負うことになります。細イト仕様のサオに太イトを張れば最悪サオが折れてしまうこともあります。逆に大もの用のサオに細イトを張ろうものならイト切れ頻発です。0・1号の細イトに大バリ、0・8号の太イトに3号の小バリなんて組み合わせは愚の骨頂です。そこまで極端ではなくても、軟らかい穂先のサオに大オモリを付けたのでは、仕掛けを流すときに根掛かりが頻発することになります。また強い調子のサオに極小オモリでは仕掛けの振り込みもままなりません。

　入川する川の大きさと渓相、それにねらうポイントと釣れる魚の大きさで、サオの長さ

タックル（渓流用）（本流用）

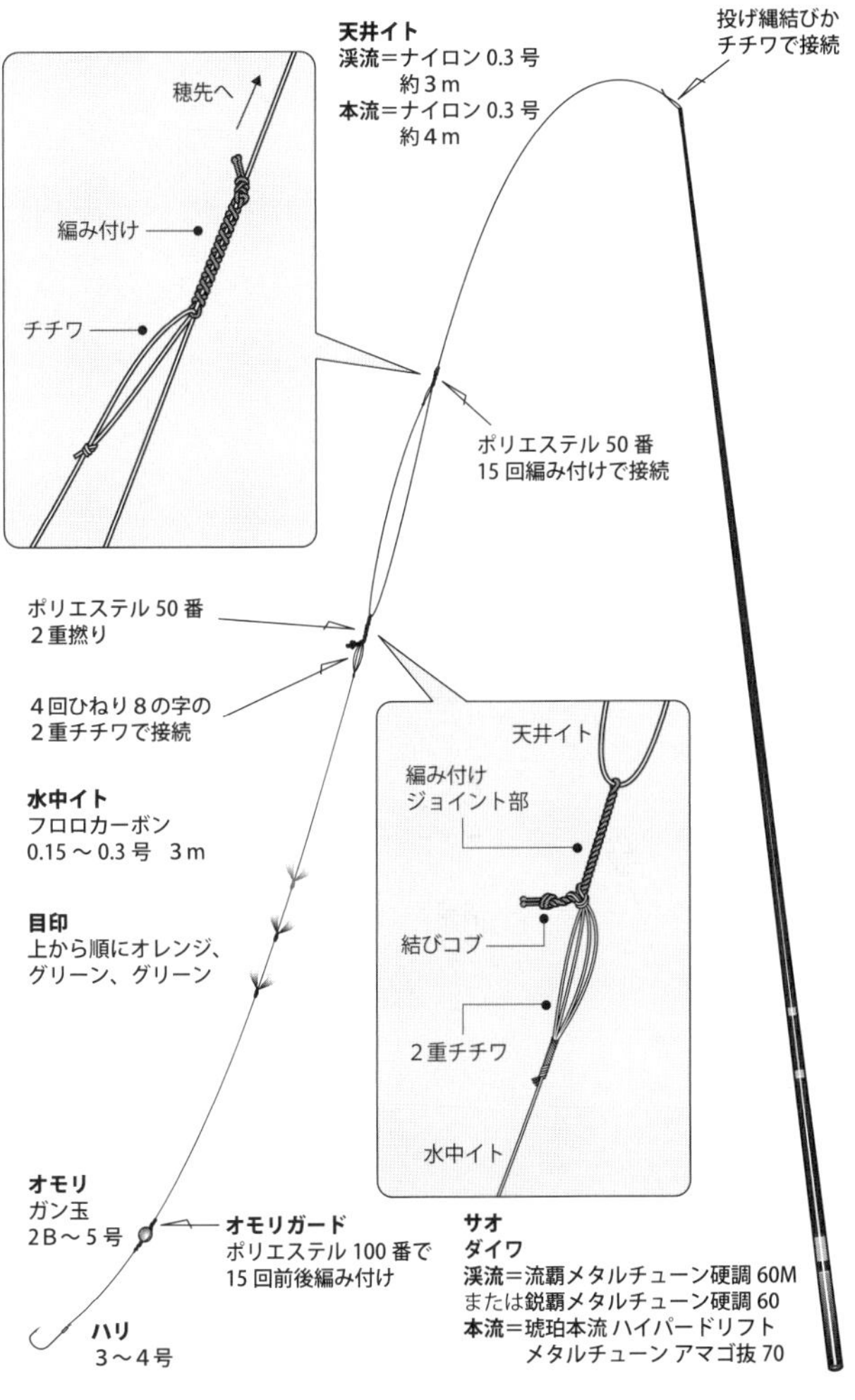
天井イト
渓流＝ナイロン 0.3 号
約 3 m
本流＝ナイロン 0.3 号
約 4 m
投げ縄結びか
チチワで接続
穂先へ
編み付け
チチワ
ポリエステル 50 番
15 回編み付けで接続
ポリエステル 50 番
２重撚り
４回ひねり８の字の
２重チチワで接続
天井イト
編み付け
ジョイント部
結びコブ
２重チチワ
水中イト
水中イト
フロロカーボン
0.15 〜 0.3 号　3 m
目印
上から順にオレンジ、
グリーン、グリーン
オモリ
ガン玉
2B 〜 5 号
オモリガード
ポリエステル 100 番で
15 回前後編み付け
ハリ
3 〜 4 号
サオ
ダイワ
渓流＝流覇メタルチューン硬調 60M
または鋭覇メタルチューン硬調 60
本流＝琥珀本流 ハイパードリフト
メタルチューン アマゴ抜 70

と調子、仕掛けの太さが決まってきます。次に使用するエサに合ったハリを決め、現場の状況でオモリを選択するといった具合にタックルをセッティングするとよいでしょう。

使用する仕掛けは、できる限り繊細なセッティングをするように心がけましょう。実は、この「繊細な」という感覚が非常に大切で、釣り人の気の持ち方に大きな影響を与えます。大雑把な仕掛けに慣れてしまうと、釣りも大雑把になってしまいます。自分の中で「繊細な」という気持ちを持ち続けることによって、研ぎ澄まされた感覚で釣りに臨む姿勢が出てくるものです。仕掛けに妥協を許さないことが、後々きっと役に立ってきます。

基本的な2パターンのタックルバランスを考慮した仕掛け例を図にしたので、まずはこのあたりを基本にセッティングをしてみましょう。ここで重要なのは、それをしっかりと使い込むということです。使いこなさなければ、よさも欠点も理解できません。そのうえで自分の釣りに役立てていかなければ、せっかく最新装備を揃える意味がなくなってしまいます。実際のパーツごとの使い方や使う際の注意点は、後で視点を変えながら検証していきます。

タックル図（本流超大もの用）

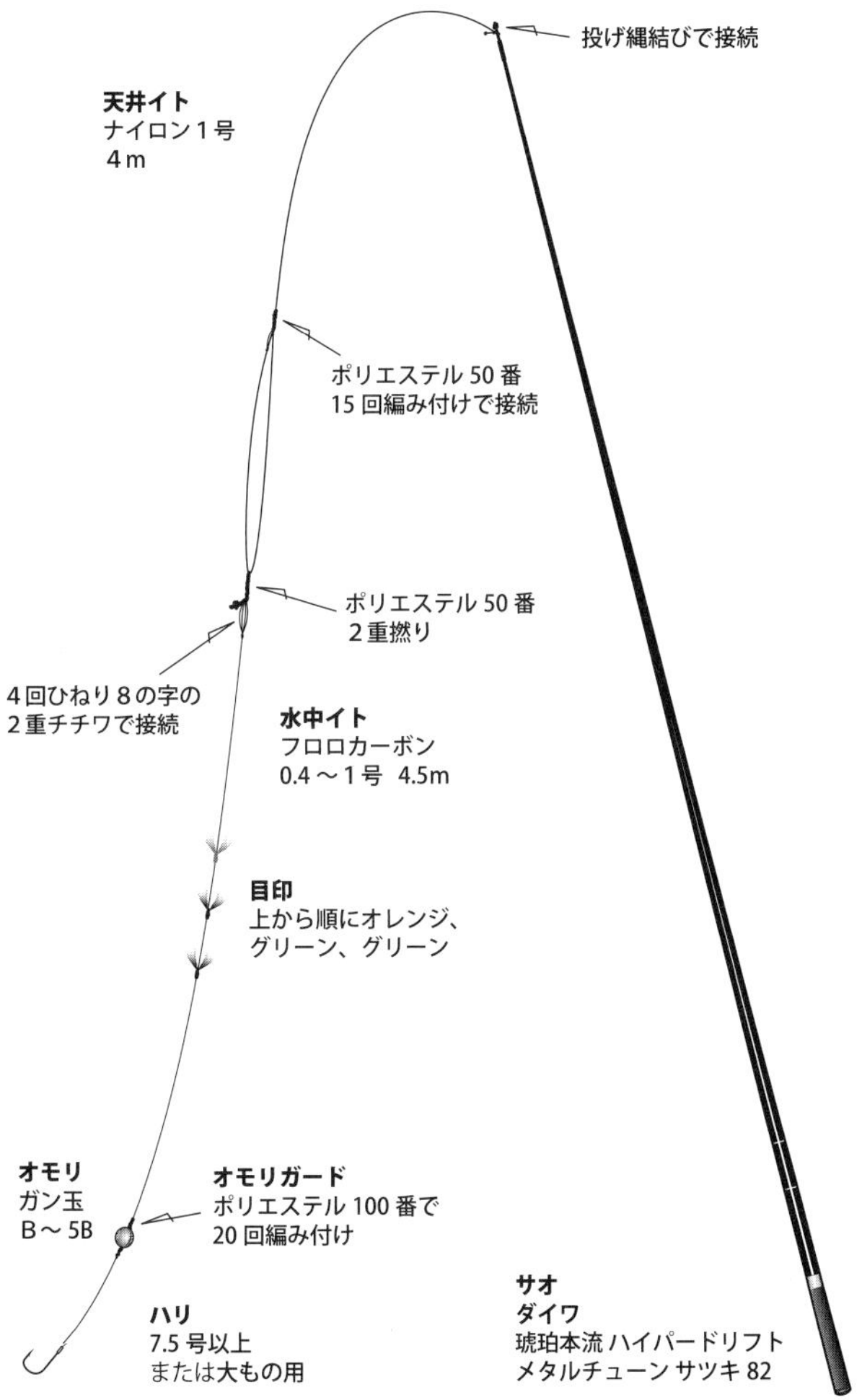

釣り場での後悔は準備不足から生まれる

渓流釣りは単独釣行が基本です。たとえ日帰りであっても、持参する仕掛け類は余裕を持って臨みたいものです。調子よく釣れるときはあまり消耗しない仕掛けも、ブッシュに引っ掛けたり、根掛かり多発で回収できなかったりと、思いのほか消耗が激しいことがあります。まだまだ釣れそうなのに、仕掛けがなくなってタイムアップという事態だけは避けたいものです。

釣行前にはベストの中身をしっかり確認しましょう。何か足りないと思えばすぐに補充です。ただし、仕掛けの作り置きはあまり推奨しません。家に置いておくぶんには1シーズンくらいは大丈夫ですが、ベストに入れてずっと持ち歩くのはイトの強度低下やハリ先の錆《さび》につながるので注意です。

そして、もしも釣り場で仕掛けがなくなっても、現場でサッと作れるようにイトや目印などもベストに忍ばせておくことを忘れずに。特にハリは何度も交換する必要に迫られる消耗品なので多めに持参すること。オモリも減耗が激しいパーツです。少なくなっていたら補充しましょう。

ベストのポケット仕分けにも気を使います。バラのイトや目印、ハリは必ずあらかじめ作った予備仕掛けとは別のポケットに入れておくこと。万が一、ポケットの口を閉めるのを忘れて両方一緒に落とし、流してしまっては元も子もありません。

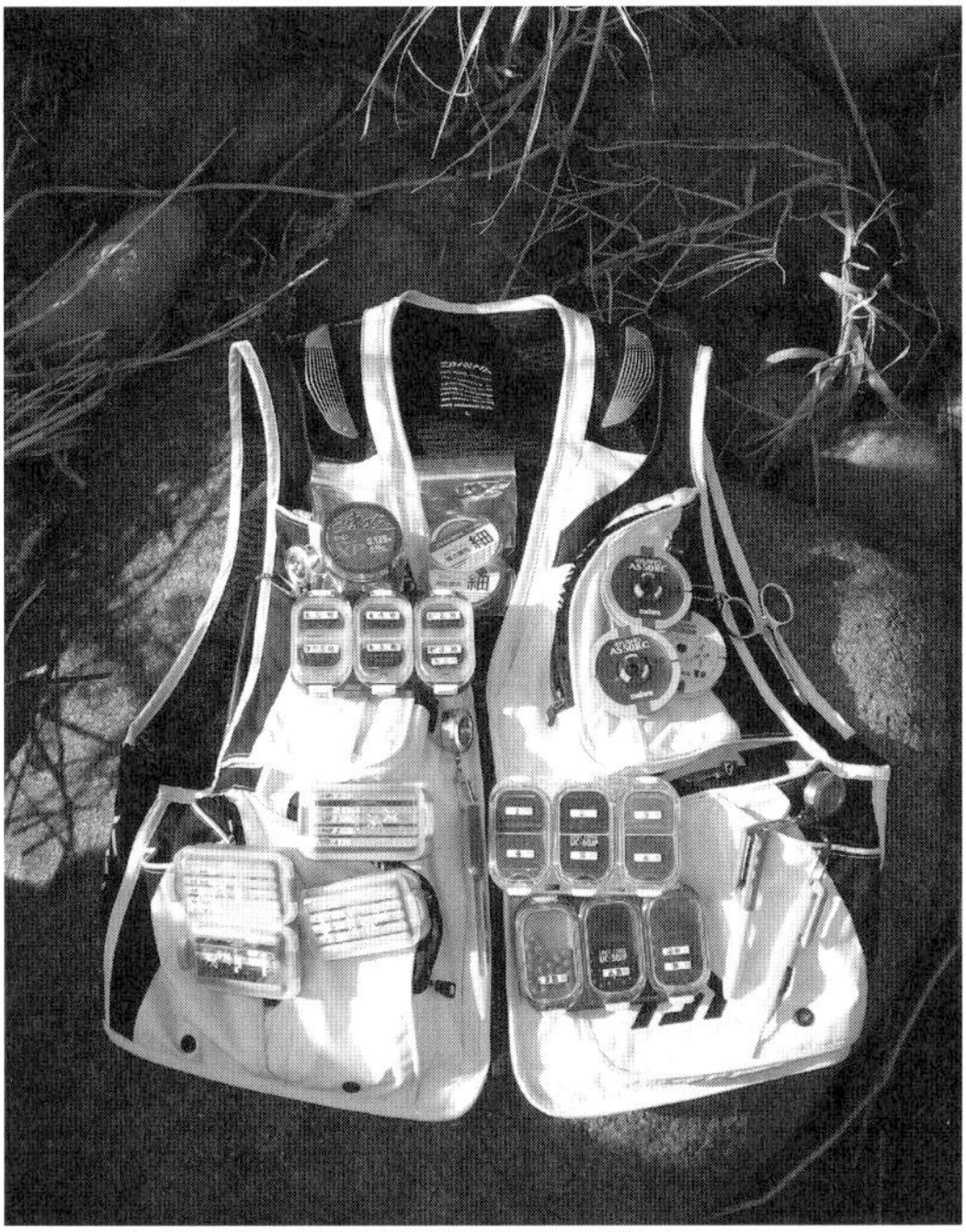

私のベストの中身。不要な物を持ち歩く必要はないが、釣り場で切らすと困るものはコンパクトな収納を心がけて漏れなく忍ばせておきたい

「仕掛けがなくならなかったらもっと釣れたのに」なんて言い訳はしたくもありませんが、実際のところ、案外仕掛け切れには遭遇するものです。渓流釣りの装備は本来最小限で動きやすい軽装にすべきですが、ベストの中身だけは充実させておきましょう。

　もちろんベストの中身だけを充実させればそれでよいわけではありません。サオにしても予備ザオは必ず持参すべきです。またウエーダーの破れや穴あき、水漏れはないかなど、事前の点検を怠らないようにしましょう。

出発前にはベストの中身をはじめ、車に積み込むタックル類の再点検を怠らないようにします。確実なのはチェックリストを作っておくこと。あるいは、釣り場に着いてからの釣りの動作を頭の中で描きながら、必要なものを車に積んだか確認していくと案外簡単にチェックできます。車を降りたら、まず着替え↓アンダーシャツは？　そしてウエーダーを履く↓ウエーダーは？　次にベルトをしてタモを差す↓ベルトとタモは？　といった具合です。

仕掛けは作り置きにならない程度に補充を

最後に、ケチって損をするのがエサです。自分で採取する際には時間をかければなんとかなりますが、釣具店で購入するなら多めに買っていきましょう。思いのほかよく釣れて、エサ切れでは楽しみが半減してしまいますからね。

ポイントの好き嫌いは上達を阻む

ある程度の経験を積んでくると、自分の得意な釣りの傾向が見えてきます。実際には、得意な釣りというよりも好きな釣りといったほうがよいのですが、特にポイント選びについてはそれが顕著になってきます。

瀬の釣りが得意だという人に理由をたずねると多くは、「渓魚の反応が早いからテンポのよい釣りができる」という答えが返ってきます。確かにそのとおりで、足に自信のある人にその傾向が見受けられます。そういう釣り人は、瀬を釣る技術はそれなりに持っている一方で、淵を釣りこなすまでには至っていないレベルであることが多い気がします。

今度は淵の釣りが得意だという人に理由をたずねると、「あまり動かなくてもよいから」と答える人もいれば、「数がまとまるから」あるいは「魚との駆け引きが楽しいから」という人もいます。こんな釣り人は技術的に相当高いものを持っているか、逆にただのんびりとサオをだしたいだけかのどちらかであることが多いものです。

ここではどちらがよいかなんて野暮なことはいいませんが、瀬と淵の釣りを比べると、瀬の釣りには流速の変化への対応という観点から流し方の適応とアワセのタイミング取りといった点でそれなりの技術が要求されますし、ポイントの絞り込みという点では淵の釣りのほうが圧倒的に難易度が高いと思われます。

経験を積む中でいろいろなポイントの攻略方法を知り、ある程度の技術を身につけてきたはずなのに、得意なポイントの釣りに傾注することで苦手なポイントが増えてしまうのは、もったいないことだと思います。ポイントの好き嫌いをなくすこと＝渓流釣りのポイント攻略法の第一歩であることを今一度思い起こしましょう。もしもまだ不得意なポイントがあるのなら、早急に攻略する術を身につけるべきです。

もちろん、瀬しか釣れない、淵しか釣れない場所や場合もあるでしょう。季節や天候、水温等の要因からポイントが限られてくることはよくあります。それでも、いかなる条件下でもある程度の釣果を上げるためには、ポイントの好き嫌いをなくすことが必須条件であることをいつも念頭において釣りをすることが大切です。

ポイントの好き嫌いは瀬と淵という捉え方以外にも、同じ瀬でも長い瀬と落差が大きく段々状の瀬、淵にも白泡に覆われた淵とトロのように水面の波立ちが少ない淵というように、そのようすは千差万別です。当然、得意不得意は出てきますが、仕掛けが入れにくいポイントほどサオ抜けの確率が高いことを考えると、どんな流れも一通り探ることのできる技術を身につけたいものです。

渓流は瀬と淵の組み合わせ。どちらか一方が苦手なままでは
流れの半分しか釣っていないことに……

「変化」についていけない釣り人は……

渓流は日々変化しています。待ちに待った解禁日、よほど凍てつくことがなければ、厳しい冬場を耐えた渓魚が瀬脇の緩い流れから、まだサビの残る魚体をくねらせて釣り人との対面を果たしてくれます。ところがある程度釣り人にねらわれると、しばらくの間は寒さのぶり返しも手伝って食い渋ってしまいます。

渓沿いのネコヤナギが芽を吹き始める頃になると、一雨ごとに食いが立つようになり、水温上昇に伴っていよいよ渓魚の動きが活発化します。突然の入れ食いに遭遇することもあり、本格シーズンに突入したなと思います。5月頃に向けて魚体はパワーアップし、釣趣も一段と増してきます。さらに季節が進んで梅雨が明け、猛暑になると、今度はまたなかなか口を使わなくなってきます。

このような季節の移り変わりによる渓魚の反応の変化は、河川によって多少のズレはあるものの、ほぼ同じ傾向で多くの釣り人は分かっていることと思います。一方で、釣行の間が空いたときなどは、同じ川に通っていてもたまにその変化に気付くのが遅れてしまい、思わぬ失敗をすることがあります。1ヵ月前に来たときには0・125号のイトで充分取れていた魚が、同じ仕掛けでブチブチ切られるなんてこともあります。１ヵ月というブランクによって、徐々に進行していた変化への対応ができなかった一例といえます。

それ以外にも、天気・水温・水位などさまざまな要因で釣り場の変化は引き起こされ、渓魚の反応の仕方も変わってきます。ほんの数日で状況がガラリと変わることは日常茶飯事です。またときには大きな増水が渓の姿そのものを変えてしまうこともあるでしょう。淵が小砂利で埋まりザラ瀬になったり、そうなると釣り人にはまさに晴天の霹靂《へきれき》で、一応サオをだして魚の反応を見ますが、場合によっては復活に期待しながらしばらくようすを見るだけになってしまいます。

こんなに極端な例は特別としても、少し水位が高くなっただけで、それまで至る所に存在したポイントが極端に少なくなってしまうのはよくあることです。流心近くは流れが強すぎて釣りにならず、岸寄りにわずかに残るタルミしか仕掛けを入れるところがない、などといったことが起こります。逆に、渇水では瀬の中のポイントが消失して流心にしか魚が付かなくなることがあります。淵では流速が極端に遅くなって一面鏡状になり、全く釣りにならない流れになってしまうことも珍しくありません。

そう、今日の渓は昨日の渓ではないのです。さらに、渓魚の反応は一日の釣りの中でも刻々と変化します。人的プレッシャー等により、それまで頻繁《ひんぱん》にあったアタリがパタッと止まってしまうこともあります。これらの変化についていけないとどうなるか？「あれっ、おかしい」「こんなハズじゃなかったのに」と平常心に迷いが生じ、釣果のみならず釣技にまで悪影響が出て、己の釣りを見失ったまま無駄に時間を消費してしまうのです。

渓流釣りは渓魚との知恵比べであるとともに、渓魚の活性に大きな影響を及ぼす釣り場の変化、さらには渓魚自体の変化についても素早い対応が求められる釣りといえます。さまざまな要因が引き起こす変化の連続を当たり前のこととして冷静に受け入れ、対策を講じていくことが大切です。全く釣りが成り立たない極端な場合は即撤退ということも考えられますが、たいていの場合はなんとかなるものです。

仕掛け、エサの選択からポイント取り、仕掛けの流し方の見直し等、いろいろな面においてこれらの変化に対応する技術を繰り出しながら、渓魚との知恵比べに臨むようにしましょう。

まだ雪が残る解禁当初（上）と盛期のシーズン（下）では、水温や水量、エサとなる流下昆虫の量など多くの要素に違いがある。写真のような季節の変化から、一日の中での変化まで、さまざまな「変化」を感じ取り対応することが釣り人には求められる

食い波の本性に迫れているか

渓流釣りでポイントを見抜くことを「食い波」を読むといいます。渓魚が食ってくる流れを見つけるという意味です。この食い波、渓流釣りの人にとっては今ではよく耳にする言葉で、ある程度経験を積んだ人ならそれなりのウンチクを語れるほどポピュラーなものといえます。本来川に全く同じ流れなど存在するものではなく、画一的に語りつくすことは不可能ですが、やはり基本はしっかりと押さえておくべきです。

一般に渓魚が定位するのは流下するエサが集まりやすいところ、つまり流れの揉《も》み合わせということになります。それは流れの障害物の後ろにできたり、流心際の反転流と流心の境目にできたりします。揉み合わせは水面を観察することでおおよそ判別できます。そして、見つけたら渓魚の鼻先へと仕掛けを流すわけですが、そのためにはどこに仕掛けを投入したらよいのか？　つまり仕掛けの投入点を見つけることから始めます。たいていの場合、揉み合わせのすぐ上手にあるタルミから流れ出しの境目へと仕掛けを投入して沈め、揉み合わせに流してやることになります。ここまではある程度の経験者ならほとんどの人が理解し、実行しています。

渓魚が付く流れのイメージ（瀬の場合）

石などの水障物で二分された流れは、その裏で巻き込むような流れを作る（巻き返し）。その下流に流れの集束部＝揉み合わせができる。揉み合わせは渓魚が付く代表的な流れといえる

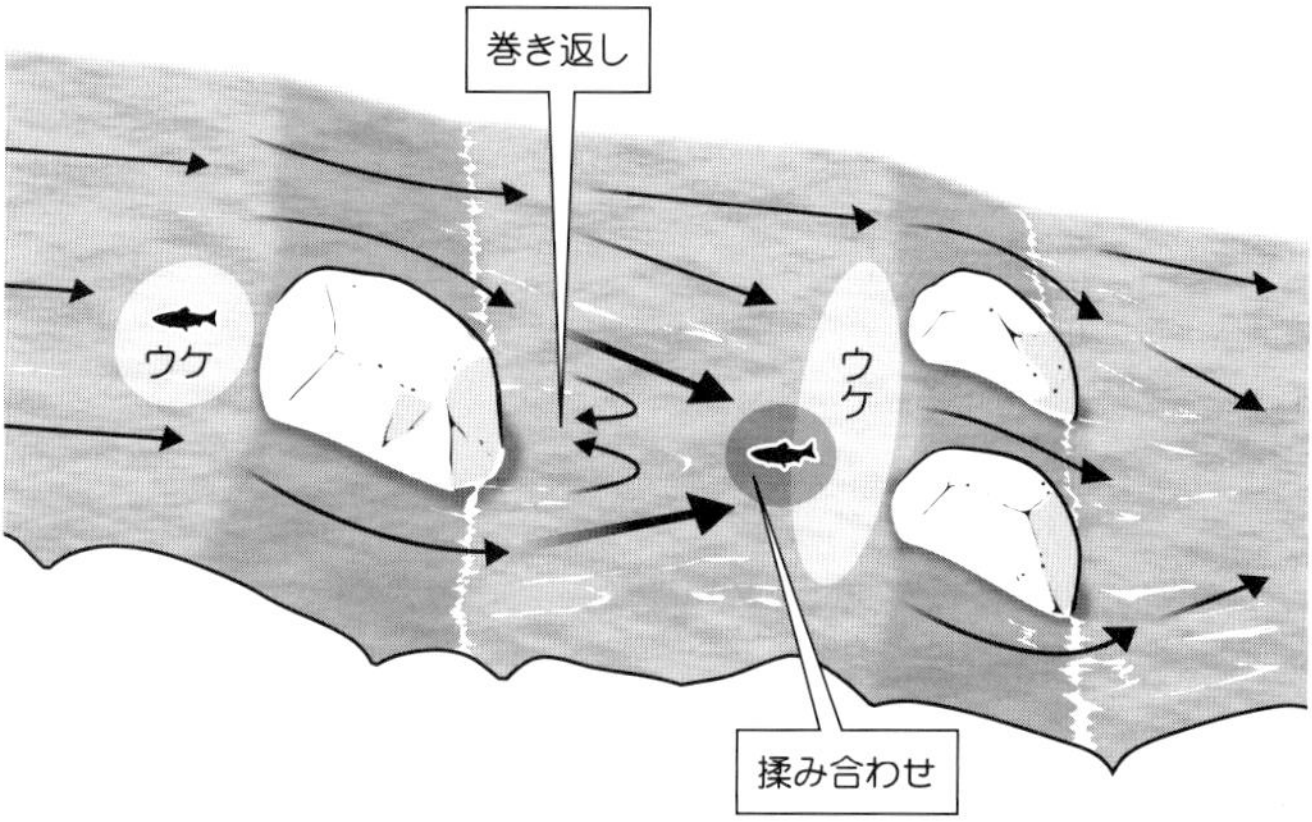
巻き返し
ウケ
ウケ
揉み合わせ

ウケ
ウケ
瀬の流れを断面で見ると、ウケの存在がよくわかる。
流れの揉み合わせ付近にウケがあれば最高のポイントとなる

ところがこれだけでは不充分、食い波は非常に複雑です。渓魚が定位する流れの条件には、まだまだたくさんの要素が複雑に絡み合ってくるのです。

そのうちの1つが流れのウケの存在です。ウケとは流れが大石や岩盤などの障害物に当たる直前の部分をいいますが、これが実は揉み合わせと同等か、ときにはそれ以上の意味を持っていることがあります。一般に流れのウケは渓魚が魚体を安定させやすいようで、実際に渓魚が定位するようすを観察すると、たいていは渓魚が定位するすぐ後ろにウケが存在するものです。ウケは前記のような大石や岩盤などのほか、淵にできる流れのカケアガリや、ザラ瀬の中の掘れ込みにある水障部にも存在します。こうした川底の変化を見逃さないことが大切になってきます。

食い波を生じさせる流れは、ほかにも男波と呼ばれる吹き上げる流れの存在であったり、男波の手前にある女波と呼ばれる引き込む流れであったりと、いろいろな流れの変化が組み合わさってできています。実に複雑極まりない様相を呈《てい》しているのが食い波の本性であり、このことに気付いているか否かで、波を読む力が伸びるかどうかが決まります。詳細は後ほど多方面から見ていきますが、こうした流れがどんなところに存在するのかという意味で、本項に掲げるポイント図は基本中の基本ですから頭に叩き込んでおきましょう。

渓魚が付く流れのイメージ（淵の場合）

淵では流心際の巻き返し＝反転流がもう一度流心に合流する部分に揉み合わせができる。また淵尻（ヒラキ）には流れのウケがあり、渓魚が定位しやすい流れとなっている。つまり、このような淵では「流心際」と「ヒラキ」がポイントになる

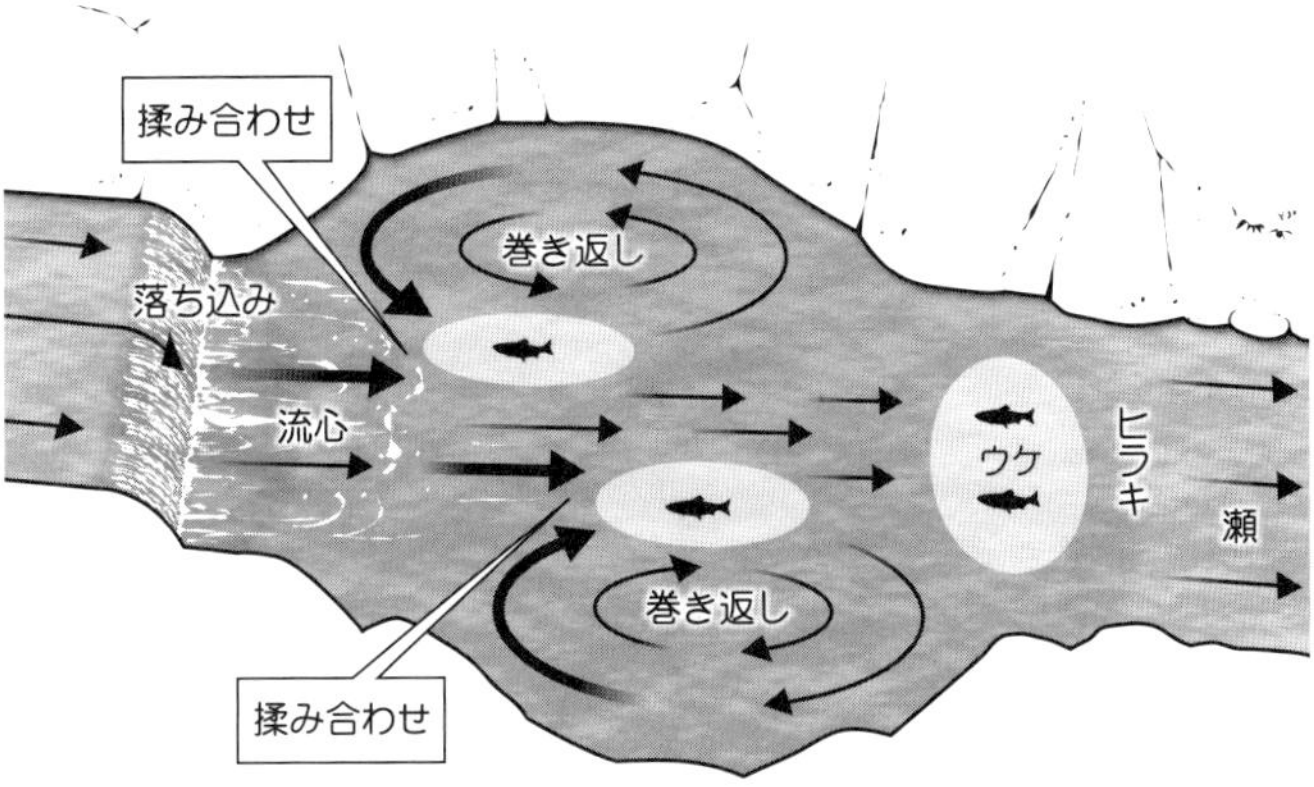

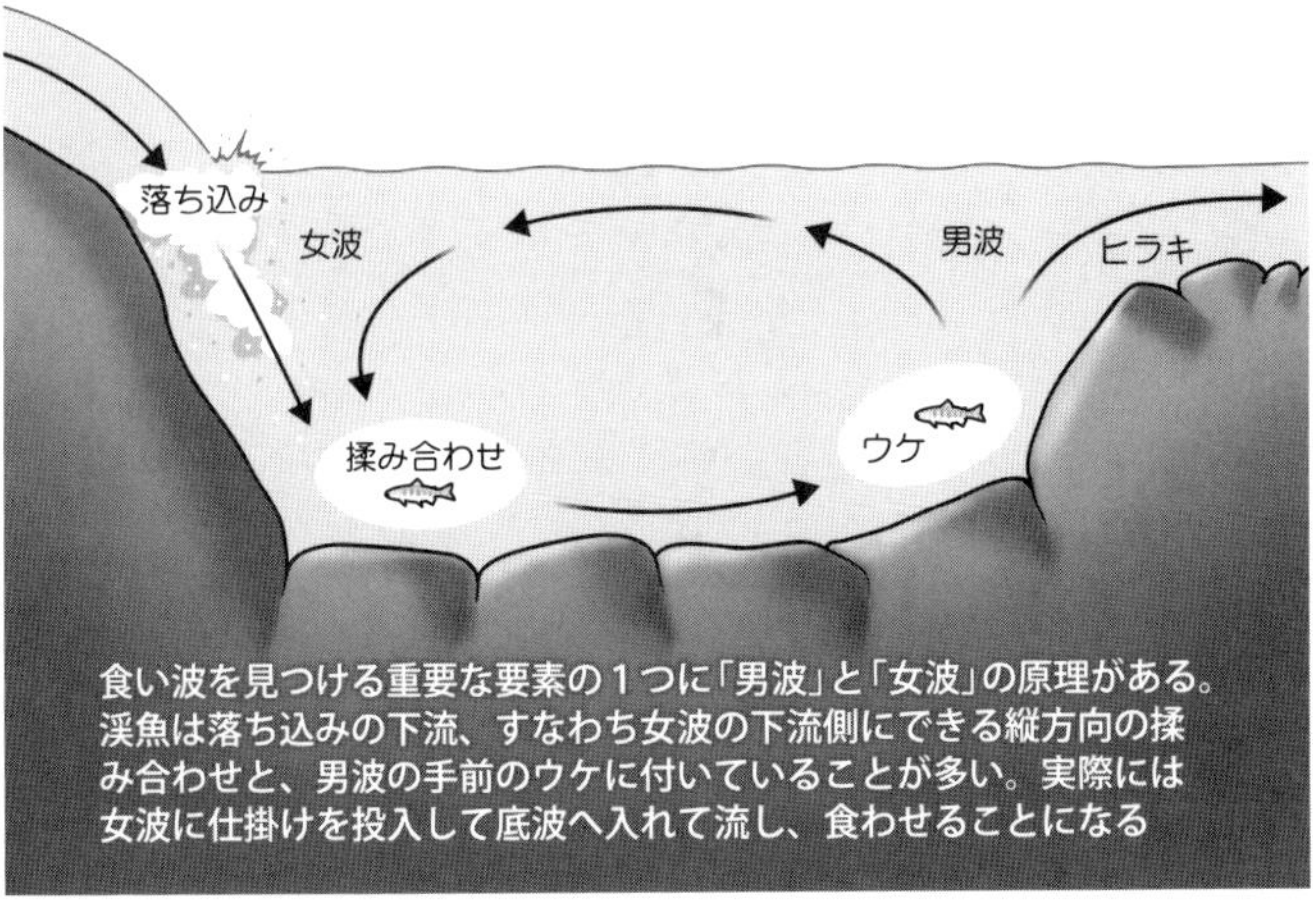

食い波を見つける重要な要素の１つに「男波」と「女波」の原理がある。渓魚は落ち込みの下流、すなわち女波の下流側にできる縦方向の揉み合わせと、男波の手前のウケに付いていることが多い。実際には女波に仕掛けを投入して底波へ入れて流し、食わせることになる

慣れが生み出す落とし穴とは

「テンポのよい釣り」「無駄のない釣り」「効率のよい釣り」、実に心地よい響きを持つ言葉です。渓流釣りで誰もが理想とし、目差す釣りだといっても過言ではありません。ところがこれらの言葉の陰には、いつの間にかハマってしまう落とし穴がポッカリと口を開けて待っていることを忘れてはいけません。

渓流釣りを始めたばかりの頃は、誰もがエサ付け一つにも手間取り、「川虫の尻尾からハリを刺して体側へと抜く」などと復唱しながら慎重にやっていたはずです。仕掛けを一流しするたびにエサをチェックし、なかなか上手く飛ばない仕掛けにやきもきしながら一所懸命サオを振っていた……そうではありませんか。

それが経験を積むにつれて手際がよくなり、所作もそつなくこなせるようになっていきます。そんな折、知らず知らずのうちに頭をもたげてくるのが「雑な釣り」です。手返しの速さを求めるあまり、足の千切れた川虫が付いた仕掛けを何度も振り込んでいたり、仕掛けのチェックを怠ったがためにイトを切られて意気消沈。そして仕掛けの張り替えにかえって時間を使ってしまうことになります。

ポイント移動にしても然り。一度仕掛けを流してアタリがないとすぐ次のポイントに目移りしたり、川を歩くときも足元の流れをよく見ていないがために、知らぬ間に好ポイントを見落としたり、踏みつぶしてしまうといったミスをするようになってくるのです。そんなときに限って頭上の木の枝に仕掛けを取られてしまう、なんてミスも起きます。悪循環の始まりです。

このように慎重さを欠いた釣りを続けた結果、無駄な時間を費やしている例がけっこう見受けられます。挙句の果てにはサオを振っている時間よりも川を歩き回る時間のほうが多くなっていることに気付いていなかったり。その原因はどこにあるのでしょうか？　ずばり慣れです。

それなりの技術が身についてきたときこそ、慣れが生む落とし穴に陥ることがないように常に渓流釣りの基本を思い起こし、すべての動作に注意を払って釣りをするようにしたいものです。テンポのよい無駄のない釣りと、雑な釣りは表裏一体であるということを忘れないでください。

具体的な目標を立てて釣りをしているか

釣りは日々修行、反省と実践の繰り返しが重要であることは冒頭でも書きました。じゃあ実際にはどうしたらよいの？　ということですが、まずは一日の釣りを終えたら反省すべき点を確認することから始めます。そして次回に向けて反省点を克服するための具体的な目標を立てることです。そうすることで次の釣行時は目標に向けた釣りを展開できるわけです。その繰り返しこそが自らの経験値を高めていくことにつながっていくのです。

たとえば今日はこんな日だったとします。

「瀬は満足のいく流しもできたしアワセもばっちり決まった。でも淵の釣りはどうも今一つだったな。ヒラキでアタリはあるのにハリに乗らず、それから調子が狂ってどの淵でも思うような釣りができなかった」

それなら次回釣行時の目標は、淵の釣りの克服です。特に淵のヒラキの魚を取れるようになる。どうすればいい？「オモリのサイズを変えてみよう、流し方ももう少し早めに仕掛けを沈めて川底を流すように心がけよう。仕掛けの投入ポイントももう少し上流に持っていってみよう」。こんなふうに具体的な目標が定まってきます。

反省と目標は必ずいくつか出てくるものです。その都度、できるだけ最短で克服する努力をしましょう。そして1シーズンが終わったとき、それらを総括してみます。するとそこに案外共通する課題が多いことに気がつくものです。たとえばアワセの問題、淵の釣りの課題に共通することで、「オモリの使い分けが今一つだったのでは」と気づいたとします。「よし、来シーズンは徹底的にオモリワークについて練習してみよう」ということになるわけです。つまりシーズンを通しての目標が立ちます。

目標は何も苦手なものの克服に限ったことではありません。来シーズンは新たな釣り場を開拓してみようとか、仕掛けを寝かせて流す流し方を習得しようなど、ある程度大きな目標を掲げることが大切であり、その目標に向かって励むことが技術の向上につながるわけです。

もっと大きく、何年か先を見据えた目標を持つのもよいでしょう。「来年からゼロ釣法に着手し、3年後にはなんとかマスターする」。あるいは、「今までやったことのない本流釣りに挑戦し、3年以内に40㎝オーバーをゲットする」というのも結構なことです。

何事もやってみなければ楽しさも難しさも分かりません。だからどんどん挑戦して、そのうえで自分に合っているかどうかを見極めればよいでしょう。意識的に経験したことは、決して無駄にはならないはずです。

II

今、すぐに効く！ 金のアドバイス

仕掛けの飛びが悪い人は穂先を上手く使え

仕掛けの投入は練習次第でピンポイントに打ち込めるようになります。ところが、それなりに釣果を上げている人の中にも要領を今一つ会得しきれず、充分に仕掛けを飛ばすことができていないケースが散見されます。それは何度も仕掛けを打ち直した挙句にポイントをつぶしてしまったり、仕掛けが投入点まで届かず立ち込みすぎるといった失敗につながっています。本やDVDで〝遠目に〟振り込みを覚えた場合にありがちで、現場で微妙な力加減や仕掛けを着水させる際のサオさばきなどの指導を受けたことがない人に多い現象です。

仕掛けがうまく飛ばない原因はどこにあるのか。それは振り込みの際に仕掛け（の重さ）が穂先に乗っていないことが最大の原因だと思われます。対策としては、バックスイングの際に仕掛けが伸びきるまで待ってから振り込んでやると飛ぶようになります。振り込む際にはサオを振るのではなく、押し出すイメージを持つようにすると上手くいくでしょう。渓流では背後や頭上に立木やブッシュがある場合が多く、バックスイングの際に思うように後方へ跳ねにくいことが多いので、自分の立ち位置より前方で振り込みの操作が

仕掛けの振り込み

オーバースロー

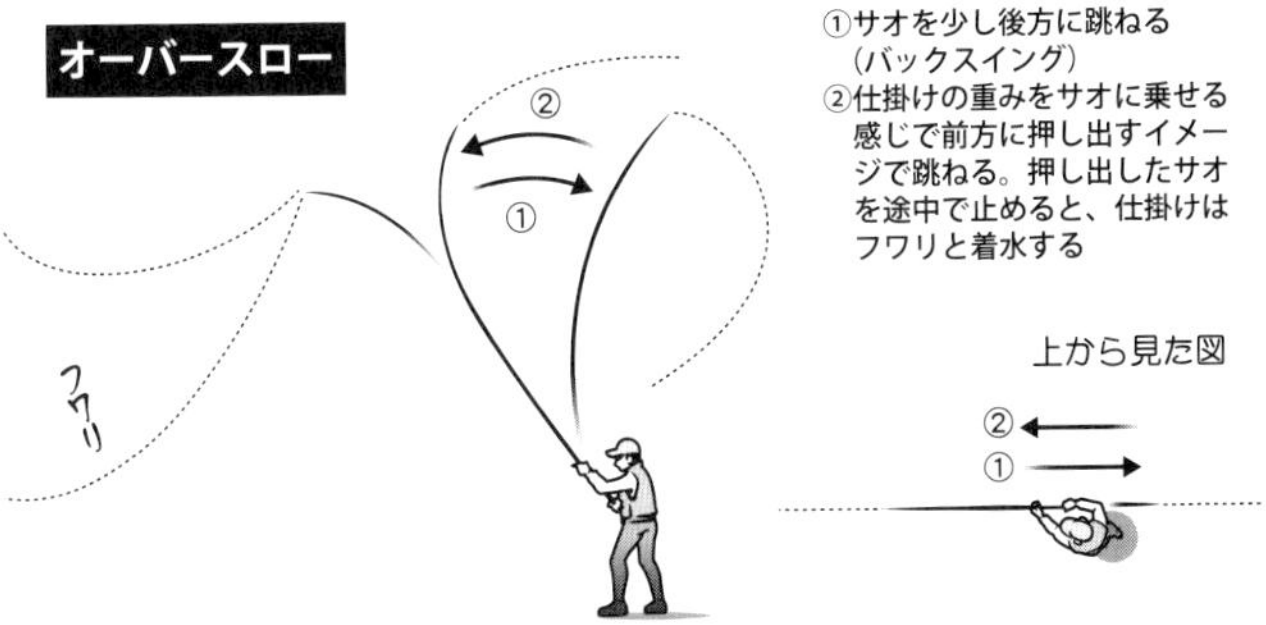
①サオを少し後方に跳ねる
（バックスイング）
②仕掛けの重みをサオに乗せる感じで前方に押し出すイメージで跳ねる。押し出したサオを途中で止めると、仕掛けはフワリと着水する
②
①
フワリ
上から見た図
②
①

サイドスロー

上方に障害物がある場合や、風が強く、風上に向かって振り込まなければならない時に行なう跳ね込み

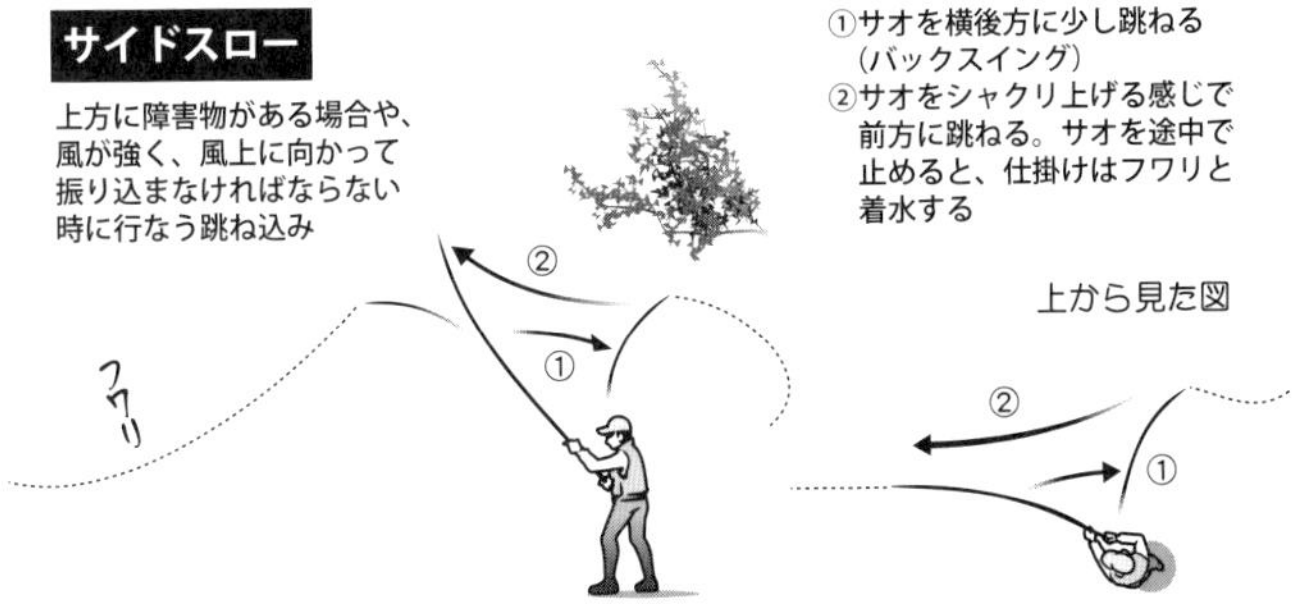
①サオを横後方に少し跳ねる
（バックスイング）
②サオをシャクリ上げる感じで前方に跳ねる。サオを途中で止めると、仕掛けはフワリと着水する
②
①
フワリ
上から見た図
②
①

回し振り込み

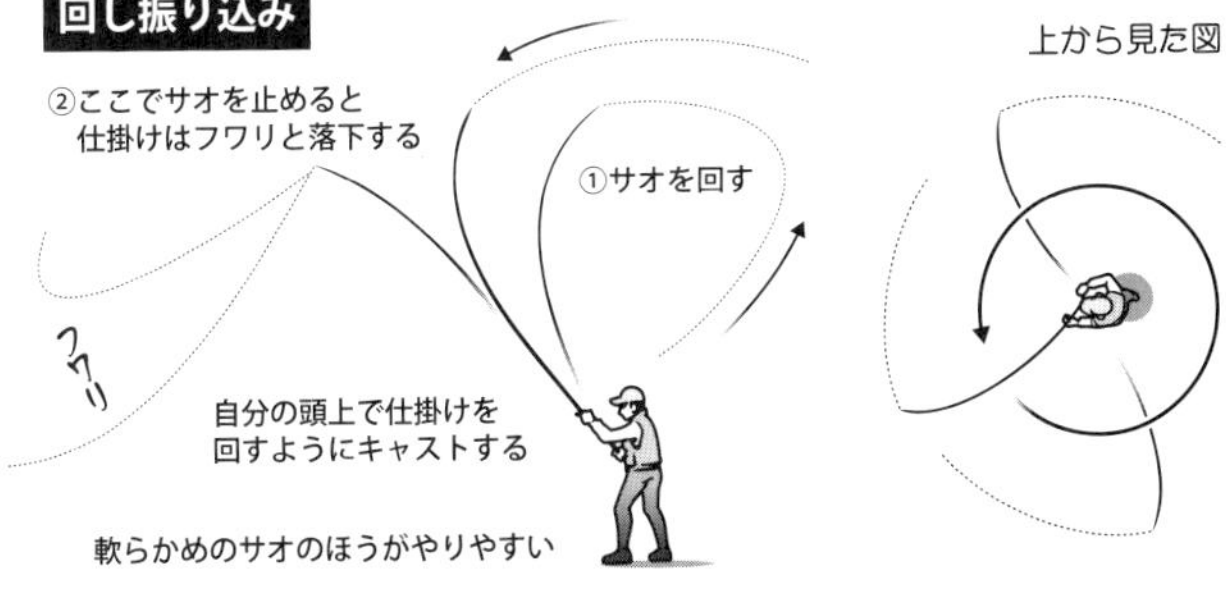
上から見た図
②ここでサオを止めると
仕掛けはフワリと落下する
①サオを回す
フワリ
自分の頭上で仕掛けを
回すようにキャストする
軟らかめのサオのほうがやりやすい

できるようにすることが大切です。

もう1つ注意すべき点は、思うように仕掛けが振り込めなかったら即座に振り込み直すわけですが、このときも仕掛けが着水する前に跳ね上げてやり直すようにします。一度水面にエサを落とすと渓魚の関心がそちらへと向いてしまい、その後の魚の出方に狂いが生じてきます。

飛距離の調節は、押し出した後に穂先を止めるときの力を抜くタイミングで行ないます。水面が鏡状のようなポイントでは一発で振り込みを決めたいものです。何度も振り込み直したり、水面で仕掛けを引くとサオの影や不自然な波紋で渓魚を追い込んでしまうことになりかねません。

振り込みは何通りかありますが、サオの調子や長さによって、やりやすい方法とそうではない方法があり、中にはどうしてもできない方法があることも覚えておきましょう。たとえば、回し振り込みは軟らかめの胴に乗る調子のサオ向きです。硬くて重い大もの本流ザオではサオに振り回されてしまい、上手く仕掛けを乗せることができません。こんなサオを使用するときはオーバースローかサイドスローに限ります。

ねらった場所にピンポイントで振り込めるようになることが最終的な目標ですが、少なくとも目標投入点より遠くへ仕掛けを振り込めるようになりましょう。

アタリが出るのにハリに乗らないときは

けっこう頻繁にアタリがあって魚の気配もある。でもなかなかハリに乗ってこないという経験は、誰もがあると思います。そんなとき、どうしたらよいでしょうか。

魚がハリに乗らない原因を考えてみます。まずアタリがあって魚の気配もあるということは、魚影もそこそこあって魚もそんなにスレていないと考えられます。ということは、魚がエサに警戒心を抱いているか、エサをくわえた瞬間に違和感を覚えてすぐに離してしまっていると捉えるのが妥当です。原因としては、仕掛けを流す筋がズレている、仕掛けの流れ方が不自然、あるいは仕掛けの不備で魚に違和感を与えてしまっているなどが考えられます。

解決策としてすぐにできることがいくつかあります。まず最初に、今一度流れをよく観察して、仕掛けの投入点から流す筋を見直してみることです。そうすることでしっかりと食い込むアタリが出ることがあります。

次は魚にエサの違和感を与えないための措置をとります。手っ取り早いのはオモリとエサ（ハリ）の間隔を少し広げること。魚がエサをくわえたときのオモリによるテンションを小さくしてやるのです。オモリの大きさにもよりますが、わずか数センチ間隔を広くするだけでも効果があります。これでハリ掛かりさせられるようになったとすれば、以後はこの間隔を基本にオモリを打つ位置を決めていくようにします。オモリとハリの間隔については、一般にオモリのサイズが大きければ広く（長く）、小さければ狭く（短く）という基本原則に従うわけです。

同じ意味でオモリのサイズを小さくするのもよいでしょう。サイズダウンによって仕掛けが浮き気味になることが考えられるので、目印の位置を少し上げておくことも忘れないようにします。ただしオモリを小さくする場合には、前提としてそれが流れに合った大きさであるかどうかを見極めることも大切です。オモリを小さくしすぎて仕掛けが底波に入らなくなってしまうと、全くアタリが出なくなることも考えられます。

その他の措置としては、ハリを小バリに替え、エサも小さめを使用して魚の食い込みをよくしてやることもバラシ防止につながります。もちろん仕掛けとハリのバランスなど、考えなければならない要素はたくさんありますが、それは後記します。

とにかく、最初にやるべきことは流す筋の見直しと、オモリの位置調節、サイズダウンです。これによってアタリが取れる確率は、格段にアップするハズです。

オモリとハリの間隔の見直し

オモリとハリの間隔が短い場合

いったんエサをくわえるが……
すぐに違和感を覚えてエサを離してしまう

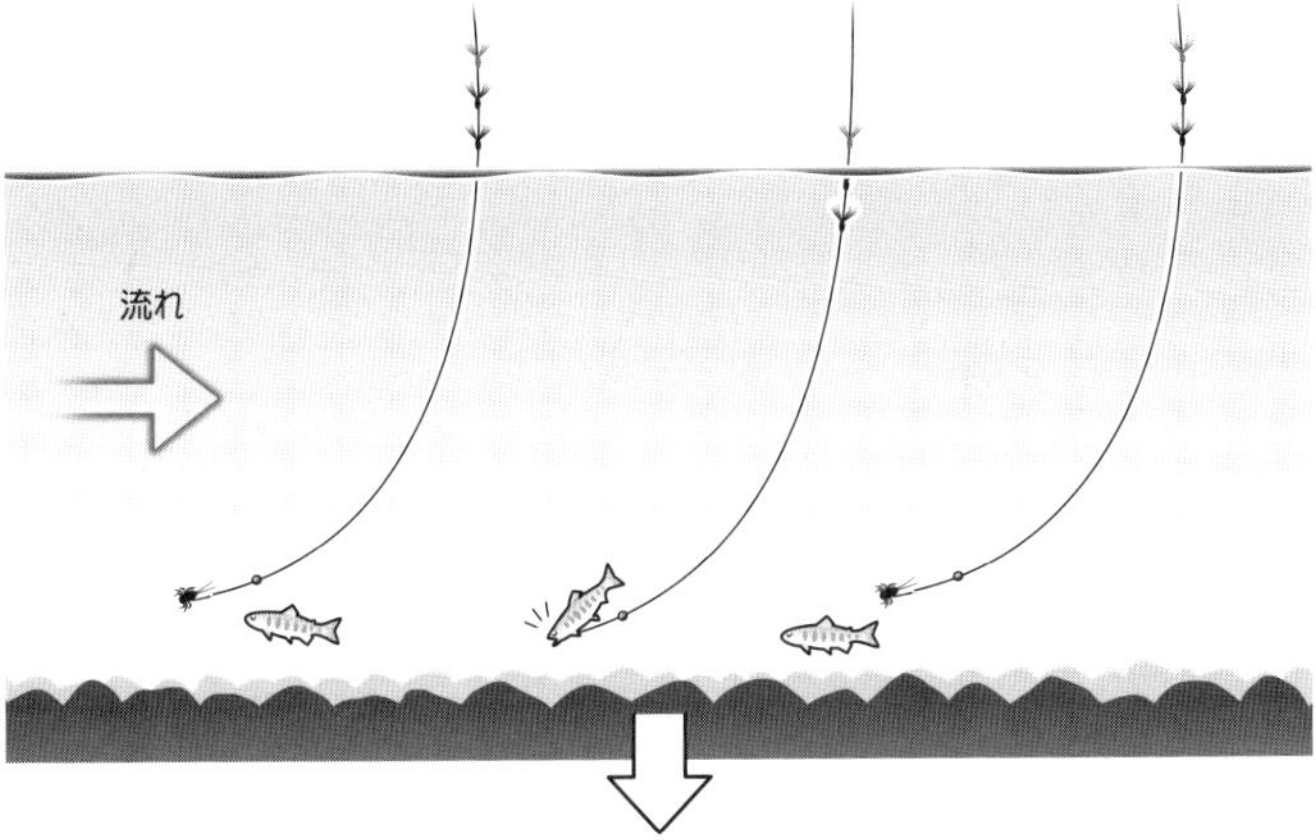

オモリとハリの間隔を長く取ると

エサを口にしてもオモリとの間に距離があるので抵抗を
感じにくい。そのぶんしっかりとエサをくわえ込む

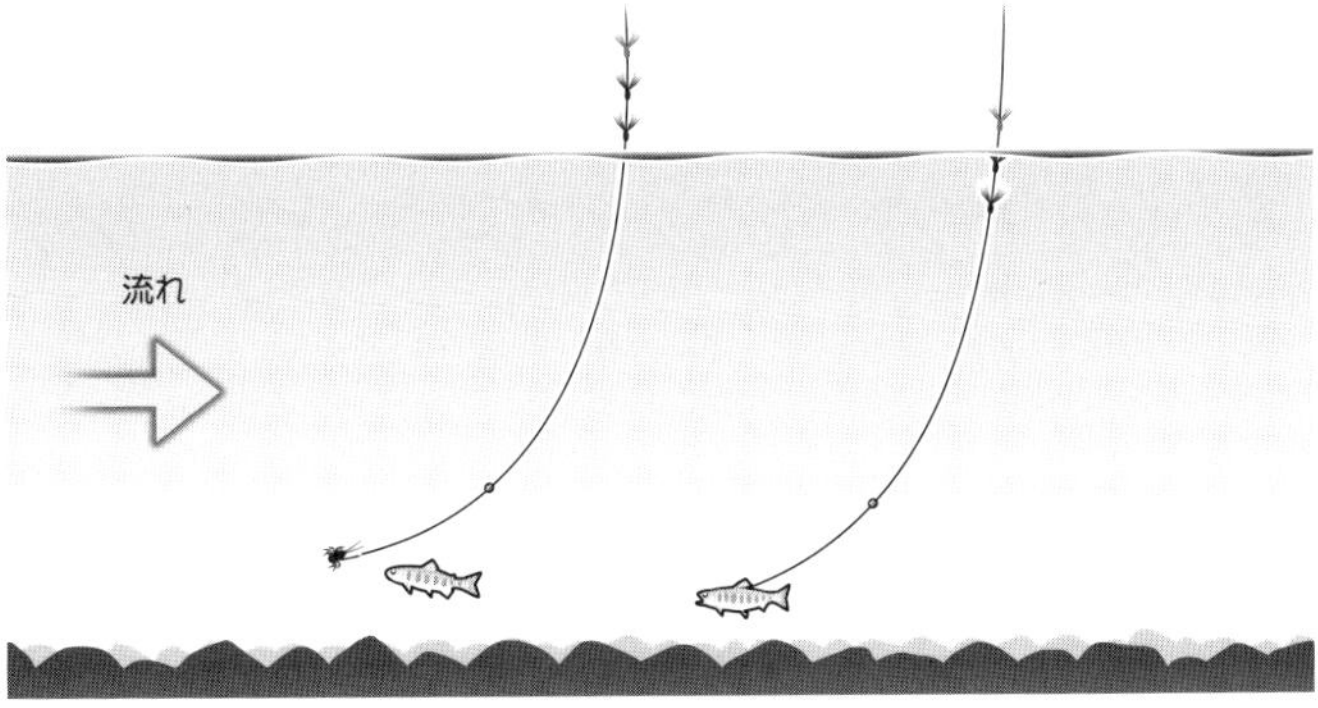

外道しか食ってこない「その波は死んでいる」

解禁当初、冬ごもりから覚めたばかりの渓魚は活性も低く、あまり速い流れでは食ってきません。淵やトロのように緩い流れの障害物の際がポイントで、瀬は白泡の際にできるタルミや石裏に限られます。

季節が進んで渓魚の活性が上向くと、ようやく本来の付き場である流れの揉み合わせで食ってくるようになり、いよいよ渓流釣り最盛期へと突入します。この頃になると、ポイントの見極めが徐々に難しくなります。一見して同じような流れでも、渓魚が食ってくる流れとウグイやカワムツなどの外道しか食ってこない流れが生じるのです。

渓流釣りにおける食い波、それは流れの揉み合わせの後ろ、そして流れのウケに出現することは前記したとおりです。でも実際にはそんな流れの中にも、渓魚が付いている流れとそうでない流れがあるのです。そこを上手く見極めないと外道頻発という事態を招くことになります。

そんなときには川底の色を見ましょう。渓魚が付くであろう部分の川底は、ほかより明るい感じがします。感覚的な表現で申し訳ないですが、具体的には川底の色が白っぽく見えるかどうかに注意して観察してください。白っぽい川底であるための条件は、水通しがよい流れであることです。明るい流れ＝白っぽい流れ＝水通しがよい流れ＝生きている流れ＝食い波となります。逆に、暗く見える流れには渓魚は付きません。暗く見える流れとは、黒っぽく見える流れのことで、たいていは川底の石に泥を被ったような状態のところです。したがって暗い流れ＝黒く見える流れ＝泥を被った流れ＝死波《しになみ》と考えます。以上を一言で表わすなら、ズバリ「生きた流れ」です。生きた流れの川底はマナゴ（砂利や小石）底の場合が多いものです。川底が見えないときは、流れを注視してみてください。モコモコッと波が吹き上がって見える部分を探します。そんなところの川底にはたいてい流れのウケがあります。ウケによって水流が吹き上げられていると考えることができます。

こうして食い波と死波を見分けながら仕掛けを入れていくことで、外道の猛追をかわすことが可能になります。もっとも、ときには死んだように見える流れでも渓魚が食ってくることがあるので一度は仕掛けを入れてみてもよいですが、決して深追いはしないように。

流れを読んで食い波を見極めているはずなのに、どうにも渓魚の反応がない、という場合もあります。後ほど改めて触れますが、そんなときは人的プレッシャーなど波読み以外の要因によることがあるので、釣れないからといって自信喪失に陥る必要はありません。

足を濡らす頻度と釣果は反比例する

渓流を上流へと釣り上がっているときに先行者に追いついたり、あるいは上流から釣り下ってきた人と出会ったとき、挨拶と同時にどこを見ますか？　僕は真っ先に相手の足元を見るようにします。ウエーダーから水が滴り落ちているか？　乾き気味か？　それによってこの先を釣るかサオを仕舞うか判断材料の1つとします。足元が濡れていればこの人は水中を歩くクセがあり、乾いていれば岸を歩いている時間が多いと推測できるので、場荒れしている可能性が高いか否かが分かるのです。もちろん川岸に付いた足跡も判断材料になります。

このことは自らの釣りにおいても注意すべき重要な点です。水中をジャバジャバ歩くことは、物影や物音に敏感な渓魚を追いやってしまうことにほかなりません。川岸から柳などのブッシュが張り出していたり、岩盤が迫り出し高巻をしなければ先に進めないところでは、つい水中を歩いてしまいがちです。クセとは恐ろしいもので繰り返していると、そのうち水に入らなくてよいところでも立ち込んだり、水中を歩いてしまうようになります。そうならないためには、一旦仕掛けを仕舞ってでも、なるべく水際から離れて岸を歩くク

水の中は渓魚のテリトリー。ポイントにはなるべく近づかず、立ち込まず、岩陰などを利用して渓魚を警戒させないように

セをつけましょう。

充分な水量と川幅がある流れではさほど気にしなくてもよいですが、立ち込まなくても仕掛けが飛ぶ範囲で探れる小規模な渓では特に注意すべきです。

「足を濡らす頻度と釣果は反比例する」。分かっているのだけれど、実践できていない釣り人が多いのもまた事実です。

集中力が続かないときはサオを置け

アタリの頻度が少ないとき、魚の気配が感じられないときなどはポイント移動が足早になり、仕掛けを流すか流さないかのうちにまた次のポイントへ目がいってしまいます。しかし、足早なポイント移動は魚の付く流れを見落としがちにさせます。そのうえ、つい惰性で仕掛けを流してしまうため、不意にアタリが出て合わせ損なってしまうことも多いものです。仕掛けのチェックも怠りがちになりますから、ハリ先が鈍っていたり、仕掛けがこすれていたりでこれまたバラシの原因になります。合わせ損なった魚はもちろん、そんなときは恐らくその後にまだ出るであろう魚までも殺気を感じて隠れてしまうことが多いものです。

いわばマンネリ釣法とでもいいますか、誰しも経験があると思いますが、こんなときは一旦サオを仕舞いましょう。一休みして飲み物でも口に含み深呼吸。そして今一度頭の中で釣りの一連の流れを再確認します。仕掛けをセットし、流れを見極め、エサを付けたらねらったポイントに仕掛けを振り込み、流してアタリが出たら……。普通に流して反応がなければ流す筋を変えて……。といった具合にシミュレーションすると、徐々に集中力が戻ってきて今日の渓のようすが見えてくるものです。ときには、ここで大きくポイント移動することも考えます。

限られた時間がもったいないと思う向きもあろうかと思いますが、ダラダラと惰性《だせい》で釣りをして無駄な時間を過ごすよりも効果は絶大なはずです。

目印の変化は一瞬の出来事、アタリを見逃したり反応が遅れたときは集中力が切れている証拠だ。そんなときは一度サオを置いて休憩しよう

III

自分の釣りを見直す

一日の釣りを組み立てる、組み立て直しながら釣る

物事には起承転結があります。渓流釣りも同じです。渓魚に出会い、あの手この手で掛ける。手こずらせる相手にヤキモキしながらやり取りをして、タモに収める。また1尾の渓魚との対峙シーンには、二度と同じことは起きないドラマがあります。

そんなことを頭に巡らせながら今日の釣りを振り返ってみます。前日確保したエサを持ち、勢い込んで釣り場に到着、はやる気持ちを抑えながら弟1投。思ったとおりにアタリが出てあっという間に時間が過ぎていくこともあれば、ひたすら沈黙が漂う日もあると思いますが、無事に一日の釣りが終わります。とまあ、こんな繰り返しでシーズンを過ごすわけですが、それだけでは本当にただの繰り返しです。それでよしとする向きもあろうかとは思いますが、できればもっと中身の濃い釣りをしたいものです。

そこで皆さんがやっているようでいて、案外できていないのが前回釣行の反省に立った一日の釣りの組み立てです。今日サオをだすことのできる時間は？　釣行時間内での遡行範囲は？　一番のねらい場は？　どこそこまでの釣果は？　もし釣れなかったときのポイント移動は？　等々。これはあくまで予定であり、自然相手の釣りですからたいていの場

合予定は大きく変化するに違いありませんが、この組み立てができているか否かで、突如出くわす想定外の出来事にも素早く対応できるようになります。それは当然釣果にも大きく影響してくるのです。

そして、予定どおりにコトが運ばなかったときこそが釣り人の本領発揮となるわけです。釣り場に到着して川に目をやると、前回よりも水位が大きく下がっていたとします。そうなるとポイントが少なくなっていることが予想されるので、予定よりも長い距離を釣ることを考えなければなりません。一方でその区域に、川幅が狭い急流続きのポイントで前回釣行時はサオがだせなかった流れが多くあればしめたもの。そんなポイントを中心に探ります。逆に、比較的開けた川相が多い流れで、さらに水位が下がってチャラチャラな流れしかなさそうなら、いっそのこと水量が多い下流域をねらうほうがよい釣りができそうだということになります。

増水の場合も同じように対応します。手も足も出ないほどの増水なら川を変えるか、さらに上流を目差すことを考えます。水位が上がったことで前回よりも好ポイントが増えているようなら、気合を入れて早速釣り開始となります。

もちろん釣行河川の水位情報をあらかじめ仕入れておきさえすれば、大幅な予定変更などにはならずにすむわけですから、事前の情報収集が大切であることはいうまでもありません。

釣っている最中の予定変更も当然ありえます。思った以上にアタリが出ないときもあれば、逆に調子よく釣れるときもあります。後者の場合、釣れる間は徹底的に釣るという心構えで臨むことがベターですが、問題は前者です。釣れない原因を探りながら対処していくことになるので、当初の予定、予想は完全にリセットしなければなりません。そのうえで最善と思われる手段を探っていくことになります。実際の方法、手順は本章にて以後逐次記して参りましょう。

いずれにしても釣りを組み立てる、あるいは組み立て直すという姿勢を持つことは、満足のいく釣りのための出発点といえます。常にそういう姿勢で臨むクセをつけましょう。

ポイントの可否判断能力を高めよう

釣果を大きく左右する一番の要素はポイントの選定です。拙著『渓流釣り入門』『渓流釣りがある日突然上手くなる』や、前章でも書いたように、渓魚の付き場はエサが集まりやすい流れ＝流れの揉み合わせであり、加えて渓魚が体を安定させやすい流れ＝流れのウケです。この2つを念頭にポイントを絞り込んでいくのですが、これはあくまでも基本です。実際に川に立てば、絵に描いたように理想的な流れはなかなか見つけにくいものです。

一方で思いのほか多くのポイントが見て取れる渓もあります。

ところが実際にサオをだすと、同じように見える流れでも魚の出方は違います。「じゃあ釣り残しがないように片っ端からポイントをつぶしていけば？」と考えがちですが、それでは無駄な時間が増えるだけ。反応がよいポイントとそうでないポイントを見分ける力を身につけることで、初めて効率的な釣りが可能になります。つまり素早く的確なポイントの可否判断能力を身につけることが大切です。

そこで揉み合わせとウケ以外の要素も加味して考えます。同じような流れでもエグレの際やブッシュの下、白泡の下など、仕掛けを入れにくいところでしか反応がなければ魚がスレている証拠。次からは集中してそのようなポイントを中心に釣ります。さらにもっと大きな目線で、今日は淵では反応があるのに瀬は全く気配なしということもあるでしょう。当然その逆もあり得ます。いずれにしても的確な可否判断には多くのポイントを探れる技量が必要です。そのためにもポイントの好き嫌いを作らないことが大切なのです。

自分が釣れないから魚がいないという判断はもったいないことです。その日その川のポイントの傾向をいかに早くつかめるかということも釣果を伸ばす重要な要素なのです。

対岸のブッシュの下を釣る。どんな流れでもねらえる技術は釣果に直結する

意外に守られていないポイント攻略の基本原則

目の前の流れを釣り、次のポイントに目を移すといかにもよさそうな流れが。すぐにねらおうと川の中をジャバジャバ移動。アッしまった！　今歩いた流れがけっこうよい掘れ込みになっている。よくあることです。また、前回釣行時に大ものが出たポイントが近づいてきて今日も期待を胸に忍び寄ろうとすると、足元から黒い影が流心へ向かって走っていった！　そんな経験をお持ちの方も多いでしょう。たびたび登場しますが、ポイントを自らつぶしてしまうような自滅行為は絶対にやめなければなりません。

基本に立ち返れば簡単なことです。ポイント攻略の原則は、手前の流れから順に奥の流れへと探っていくこと。今さらと思う方も多いでしょうが、初心者はもちろんベテランでもついやってしまうのが手前のポイントの見落としなのです。厳しい物言いのようですが、このようなミスを生む根底には惰性と慢心、中途半端な自信があります。今一度初心に戻って見つめ直すべきことは仕掛けを入れる順序です。

次に釣り上がり、釣り下りの点から。ここでは入渓地点から上流に向かって移動する釣り上がりを渓流釣りの基本として話を進めます。渓魚は上流を向いて定位し、流下するエサを待っているので、釣り上がりは理にかなったアプローチといえます。釣り上がりでは、渓魚が定位していると予測した流れの正面よりも下流に立ち位置を取ります。したがって上流に仕掛けを振り込み、釣り人の正面までの間に渓魚に食わせることになります。

瀬や流れ込みなど渓流域のたいていのポイントはこれで充分ねらえますが、ときには攻略不可能な場面にも出くわします。ある程度長さのある淵やトロ場のポイントでシミュレートしてみましょう。下流から近づき、淵やトロのヒラキ付近に立ち位置を取ったとします。実はその行為自体が、すでに一番大切なポイントをつぶしてしまっているのです。淵は魚の溜まり場、ヒラキは特に数の稼げる1級ポイントである場合があります。

ここで淵の魚の付き場をいくつかに分けて考えてみましょう。淵頭（サモト）近くの流れ込み付近と、流心の際、そしてヒラキの3ヵ所が主なポイントとします。この場合、立ち位置と仕掛けを入れる順番のセオリーはこうなります。①サモト付近の水面から離れた位置に立ち、手前の流れ込みから流心際を下流へと仕掛けを流す。②流れの際に立って流心の向こう側の流れを同じようにねらう。③最後にヒラキのカケアガリをじっくりねらう。つまり、釣り上がりの途中でこんなポイントに出くわしたときには、面倒でも水から上がり、水面に人影を映すことがないように流れから離れた場所をサモトまで移動し、釣り下りでねらうべきです。もしも高巻をしないと移動できないような場合は、一旦仕掛けを仕

ポイント攻略の順序

- ○ 振り込みポイント
- → 仕掛けを流す筋
- □ 釣り人の立ち位置
- ⋯→ 釣り人の動き

瀬のポイント攻略順

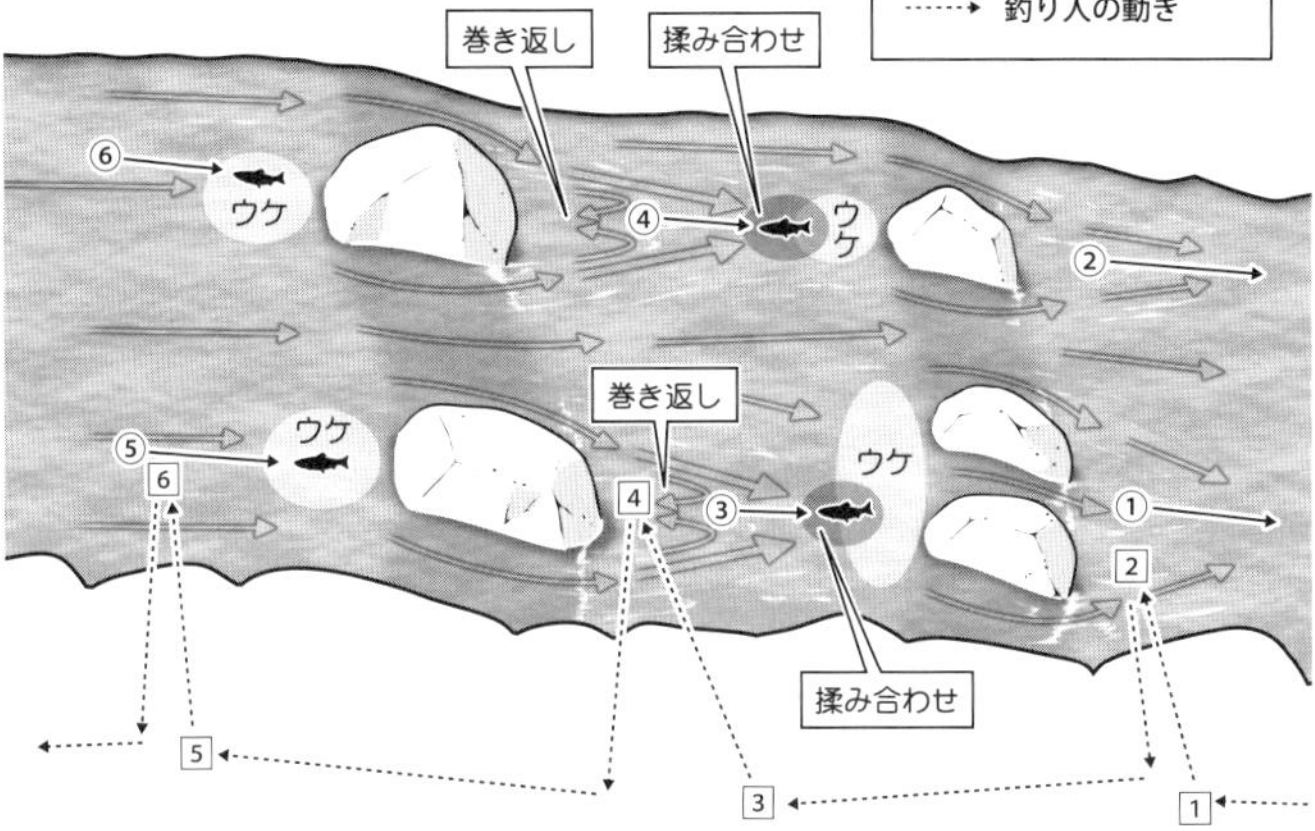

淵のポイント攻略順

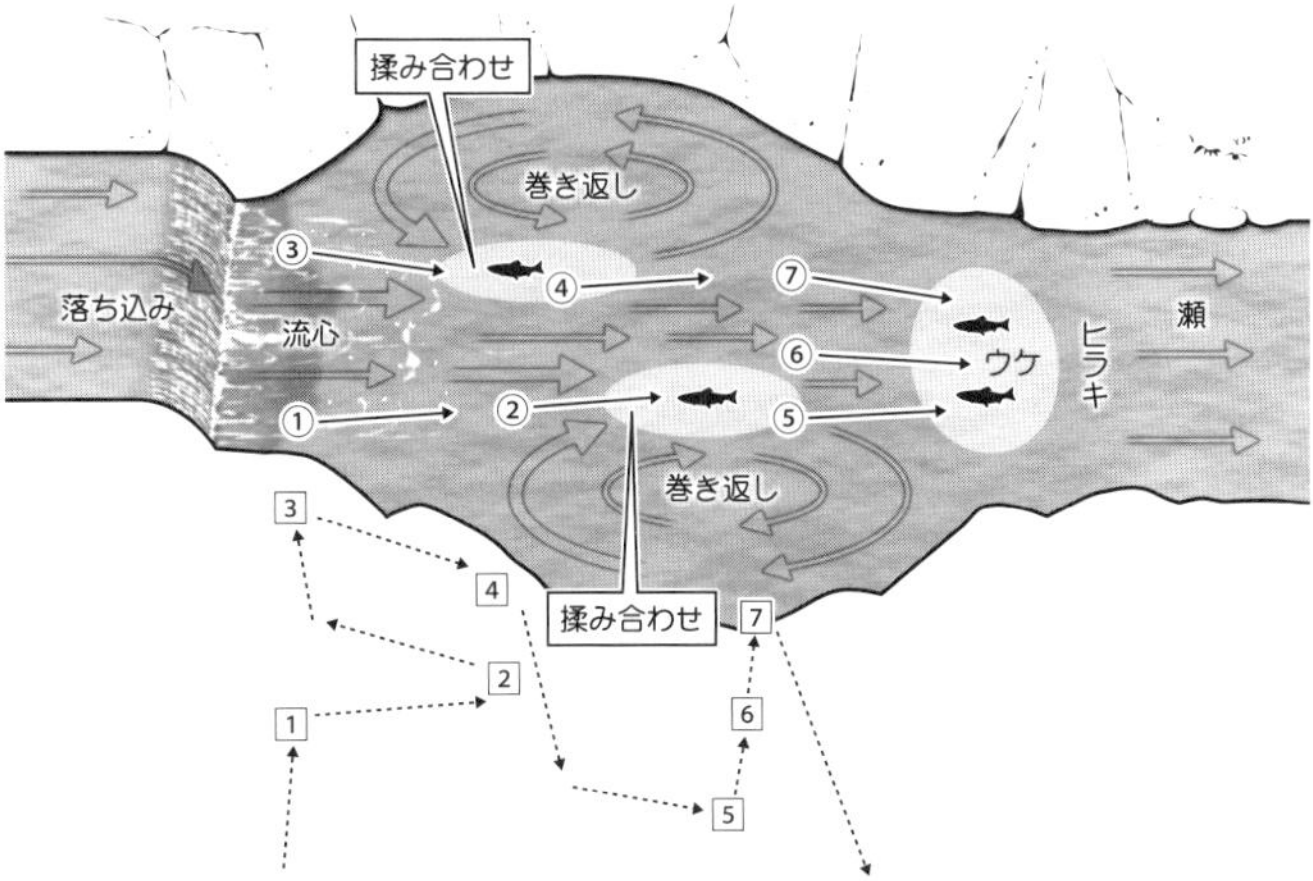

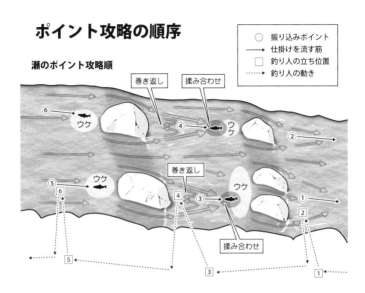

舞って高巻いてサモトまで移動し、釣りを再開しましょう。

流程の長いザラ瀬に出くわした場合も同じです。ザラ瀬の場合、流れのどの位置で魚が食ってくるか分かりにくいので、仕掛けは上流から順になめるように、じっくり流したいものです。

このように釣り上がりの場合でも、ときには釣り下りでねらわないとポイントをつぶしてしまいそうな場合もあります。上流からのアプローチを優先すべきポイントが多い川に入る場合は、最初から釣り下りを選択したほうがよいこともあります。また、仕掛けを斜めに入れて下流側を釣るスタイルを中心に行なう場合も、釣り下ったほうが効率がよくなるりますので、念のため。

前項の、的確なポイント判断即ち無駄なポイントの切り捨て提唱と矛盾した部分があるように思われるかもしれませんが、決してそうではありません。無駄な釣りと丁寧な釣りは違います。せっかくつかんだねらいどころのポイントを見逃さない攻略を行なうべし、ということです。

川も釣り人と同じ、十人十色と知るべし

釣り方が人それぞれ違うように、川にも個性があります。流れの落差が大きなポイントが多い川、比較的開けた平坦な流れのポイントが多い川など河川形態の違いから、河畔の植生、石のようすや水質、また釣り人が満足できる環境に恵まれた川であるかどうか。釣れる魚も、イワナが多い川、ヤマメ（アマゴ）が多い川、小型中心だが数が揃う川、良型が出るが数は釣れない川といった具合で本当にさまざまです。

ポイントについても、A川は初期から瀬で釣れるがB川は年中淵のようなポイントでしか食わないとか、同じ水系の河川なのに釣れ始める時期に1ヵ月以上ズレがある場合もあったりします。エサも同様でC川でよく効くエサをD川で使うと全く反応がない、あの川はこのエサでないとダメだ、といった具合です。さらにはE川の渓魚は釣りやすいがF川は難しいなどということも実際にあります。

要因はあれこれ考えられます。釣り場が位置する標高差、流域の山々などの自然環境の違い、釣り人が多い人気河川、人気のない穴場的な川……。そんな多彩な顔をもつ川ですが、一番気になることは「その川が釣れる川かどうか」に尽きるでしょう。釣れる川であ

る第一条件はもちろん魚影が多いこと。いくら名手といえども魚のいない川で頑張っても釣れるはずがありません。その点では河川管理や増殖がしっかり行なわれていれば、釣り人にとって安心してサオをだせる川ということになります。そのうえで比較的釣り人も少なく、いつ釣行してもそれなりの数釣りが可能となれば技術を磨くにはうってつけです。まあ実際にはそんな川は極めて少ないのも事実ですが。

魚影はあるのに難しい川、逆に釣りやすい川もあります。それなりの腕を持った釣り人にとっては前者のような川が一番面白いといえます。技術の差が如実に表われる川といってもよいでしょう。そんな難しい川でそれなりに安定した釣果を上げられるようになれば、大きな自信になり、さらなるステップアップにつながっていきます。まさに渓流釣り道場と呼ぶにふさわしい川といえるでしょう。

いずれにせよ、川にはその川独特のクセがあると肝に銘じておくべきです。特に初めて釣行する川は、できる限り事前に情報を集めるようにします。そうすることで時間を節約することが可能になります。また一方、同じ川にある程度通い詰めてクセをつかんでいく方法も、技術を磨き、自らの釣りの幅を広げるうえで重要なことはいうまでもありません。

仕掛けの角度は流速と水深に合わせる

仕掛けを流すときの基本は、仕掛けを立ててエサを底波に同化させ、張らず緩めずの状態を保ちながら穂先を回していきます。さらに一歩進んで仕掛けを上流側に倒して斜めに入れてやると、水中イトに掛かる流れの抵抗を消しながら、より釣り人の意思どおりに仕掛けを操れるようになります。

これらのテクニックは既刊拙著で解説ずみですが、いずれの流し方も決して万能ではないことを今一度思い起こしてください。ある程度の経験を積み、それなりに流しのテクニックを身につけた人に多いのが、ポイントが変わっても水中イトの角度はいつも同じという流し方をするパターンです。仕掛けを立てて流し、小気味よいアタリを演出して早アワセで掛けていく釣りにはそれなりの魅力がある一方で、仕掛けを斜めに入れてじっくり流し、魚に違和感なくエサをくわえさせることを覚えると、その魔力に勝てなくなります。これを一度味わってしまった人の中に、瀬でも淵でも同じように仕掛けを寝かせて流している人を目にします。しかし、ポイントによってはある程度仕掛けを立てないと底波を捉えることができない場合が出てきます。あるいはその逆の場合もあります。

流れの違いによる理想的な仕掛けの角度について考えてみます。一般に川の流れは水面ほど速く、障害物が多い川底ほどゆっくりと複雑に流れます。釣り人は川底近くに定位する渓魚の鼻先へとエサを流してやるために仕掛けを沈めるわけですが、厄介なのは表層の速い流れです。イトがこの表層の流れで引っ張られて浮き上がる現象が起きるのです。これを防ぐにはオモリを調節して仕掛けを沈めるほかに、イトを上流側へ寝かせることで水抵抗を軽減させられます。このことが仕掛けを寝かせるメリットであり、コツをつかめば比較的簡単に仕掛けを底波と同化させることができます。言葉を変えれば流れの抵抗を受けやすいポイントほど、仕掛けを寝かせたほうが入れやすくなるということがいえます。

一方で、流れが緩く水深のある淵で同じことをやろうとすると、仕掛けが底波へと入り流れと同化するまでに時間がかかり、仕掛けを流す範囲が短くなってしまうという問題が起こります。かといってオモリを大きくすると今度は根掛かり頻発です。したがって、このようなポイントでは仕掛けを立てて流したほうがよい結果に結びつくことが多いのです。

以上を簡単にまとめると、水深があるポイントでは仕掛けを立てる必要が出てきて、水深が同じ場合は流速が速いポイントほど仕掛けを寝かせたほうが流しやすくなるということになります。仕掛けの角度もケース・バイ・ケース、寝かせるか立てるか、仕掛けの角度に今一度注意を払ってみることも大切です。

流れの強さと仕掛けの角度の違い

遅い流れの場合

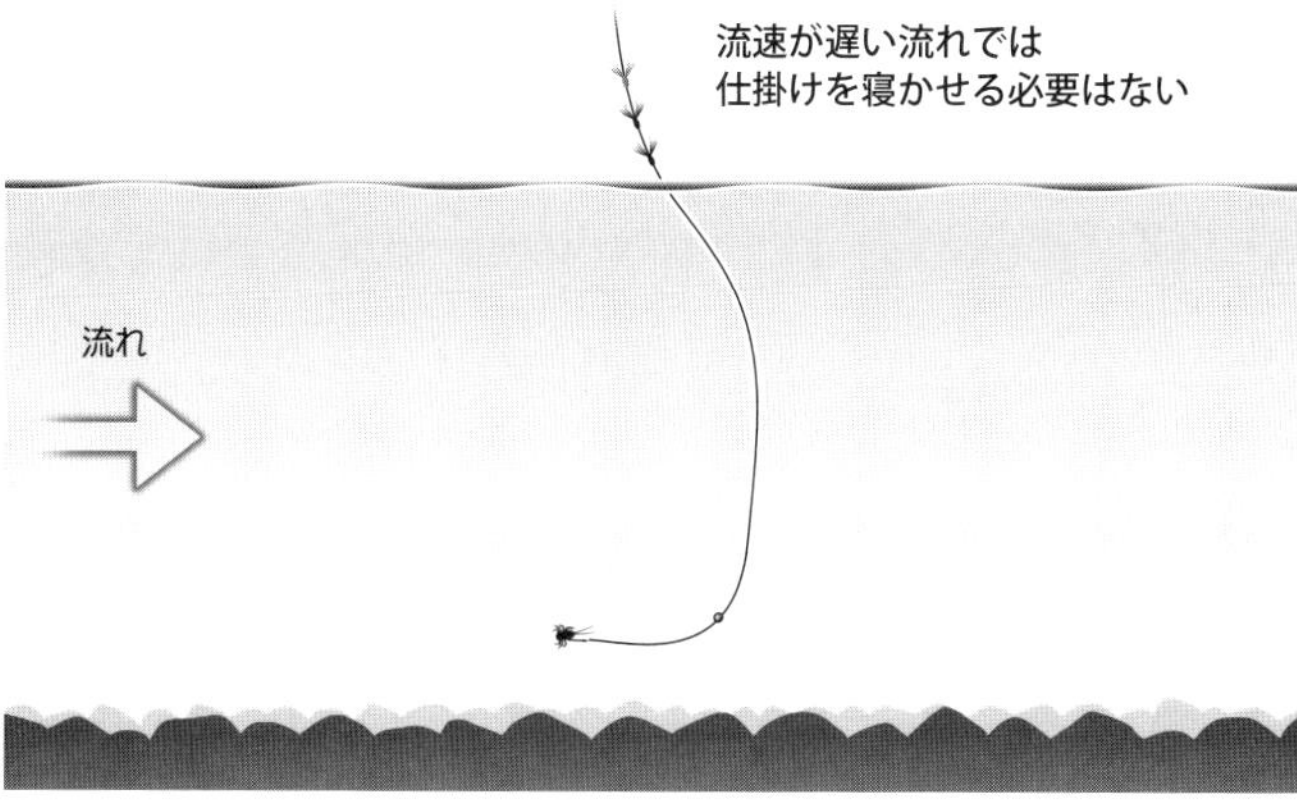
流速が遅い流れでは
仕掛けを寝かせる必要はない
流れ

速い流れの場合

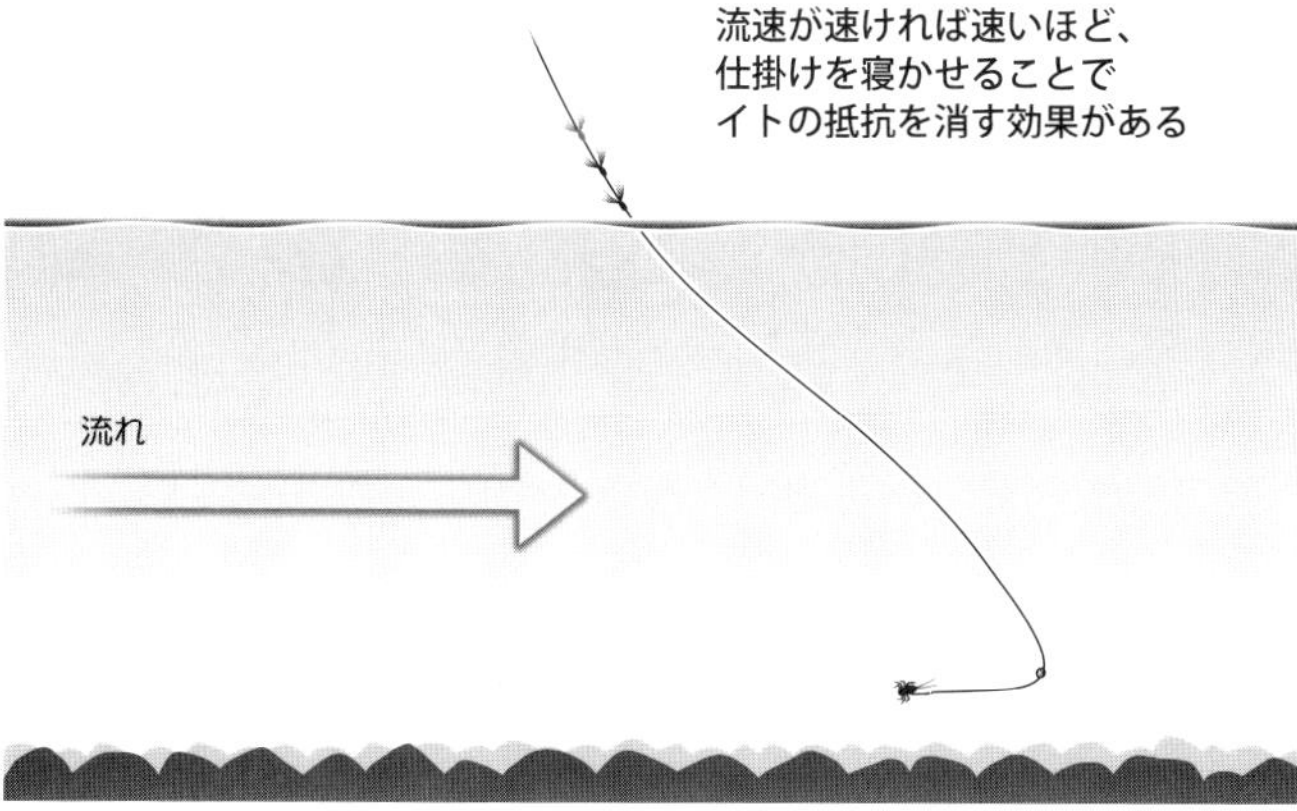
流速が速ければ速いほど、
仕掛けを寝かせることで
イトの抵抗を消す効果がある
流れ

仕掛けを流れに同化させるオモリワーク

水深や流速の変化によって仕掛けの角度を変えることの意味は前項のとおりですが、そのほかにも必ず覚えておきたい流れの変化に対応する方法があります。オモリワークによる底波捕捉法です。

仕掛けの角度は立っていようが寝ていようがあえて変えないことを前提に話を進めます。オモリワークとは、簡単にいえば仕掛けが受ける水流の抵抗を軽減し、底波へと仕掛けを沈めて流すために最適なサイズのオモリを選択する手段のことです。余談ですが、「いかにして仕掛けを流れに同化させるか」が僕にとって渓流釣りにおける究極の課題であり、それを支えてくれているのがオモリワークなのです。

一般に、川の流れは表層より底層のほうがゆっくり流れていることは先に解説したとおりです。そして多くの場合、渓魚は底層の流れ（底波）に付いているので、エサが底波を捉えられるように仕掛けを流す必要があります。深場ではある程度オモリを大きくしないと表層の波に仕掛けをさらわれてしまい、上手く底波まで沈めることができません。もちろん女波（川底へと吸い込む流れ）に仕掛けを投入することで、できるだけ小さなオモリ

オモリワークの実際

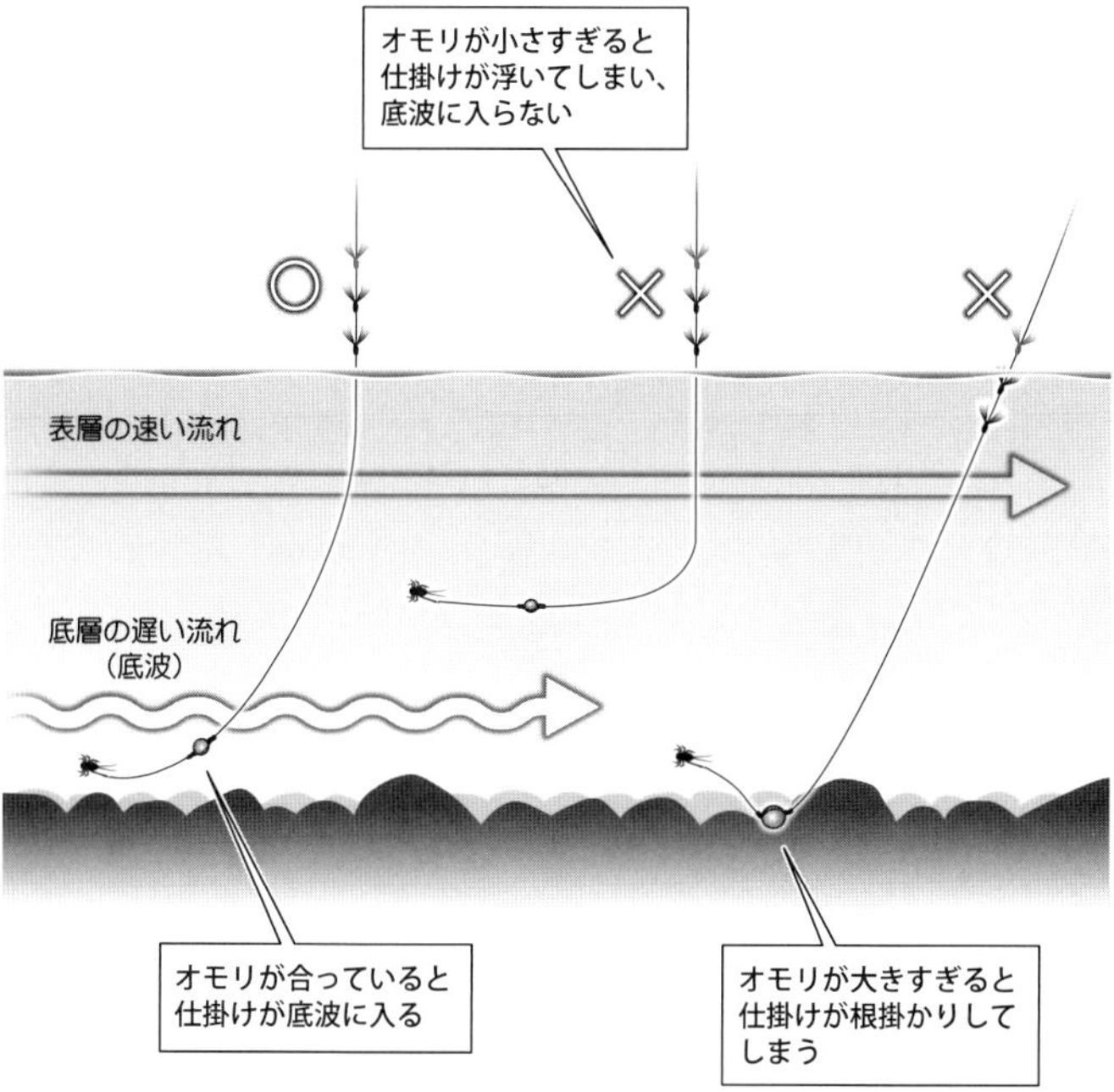

流れに合ったオモリの選択

オモリ	流速	水深
大 ↕ 小	速い	深い
	遅い	浅い

で底波へと仕掛けを送り込む努力は最低限すべきですが、いずれにしても速やかに沈めなければ底波に仕掛けを同化させてから先の流す区間が短くなってしまします。そのあたりも考慮しながらオモリの大きさを選択する必要があります。逆に、水深の浅いポイントを釣るときにはオモリを小さくしなければ根掛かりが頻発するのでサイズを落とします。

一方で、流速の異なる流れを釣る場合は、流れが強いほどその抵抗が大きくなり、仕掛けが浮き上がる力が働きます。当然オモリを大きくする必要があり、逆にゆっくり流れるポイントでは反対に小さくしなければなりません。

これらを考慮しながら、荒瀬、チャラ瀬、淵、同じポイントでも流心とヒラキといった具合に、流すポイントを変える際には面倒臭がらずにオモリを付け替える習慣をつけるようにしましょう。そのためにもガン玉はずしは必需品といえます（あっ、ゴム張りガン玉を使用されている人にはガン玉はずしは不用です）。

オモリワークをよく理解し、前項の仕掛けを入れる角度の使い分けと上手く融合することで、実際に釣り場で遭遇するさまざま流れに対してまさに「仕掛けを流れに同化させる」ための最適かつ、より繊細な流しを演出することができるようになります。

効果と弊害は表裏一体、大オモリの釣り

本流域のような水量豊富で押しの強い流れを釣るとき、オモリは大きめをチョイスすることが多くなります。特に長ザオでの本流釣りの場合は、Bや2B、3B、ときには4B以上の大オモリを使用し、また2つ3つと段付けして仕掛けを早く確実に底波へと入れてやることがあります。オモリを大きくすれば仕掛けも飛ばしやすくなります。魚の付き場さえしっかり把握できるようになれば、ピンポイントにエサを沈めて魚の食い気を誘うことも可能です。サオを自在に操れる技術があれば、仕掛けを流すスピードも調節しやすく、ゆっくりと魚にアピールしたり、ときには上下の誘いも取り入れながら流すことも可能になります。大オモリの効果は絶大だと感じることが実際にあります。

でも、ちょっと待ってください。これはあくまでもそれだけの力量を持った釣り人だからこそできる技であることも忘れてはいけません。闇雲に高いレベルを真似ても決してよい結果は期待できないのです。

大オモリを使う際には、常時穂先で仕掛けを吊り上げ気味にして流す必要があります。立ち位置については、流そうとする筋が穂先の真下に来るように注意します。少し立ち位

置を間違えるだけで流す筋からすぐに外れてしまう危険性があることと、仕掛けを緩めすぎると根掛かりのリスクが大きくなります。

また、オモリを大きくすると魚がエサをくわえたときにテンションを感じて放してしまう可能性が高くなります。そのためどうしてもハリとオモリの間隔を大きく取らざるを得ません。すると今度はアタリの出方は小さく微妙になり、アワセが難しくなってきます。これらを充分理解したうえで、それぞれに考えられるリスクを最小限に抑える対策を講じないと、使いこなすことができないのもまた大オモリの一面なのです。

流れを読んで仕掛けを投入し、定位する魚の鼻先にエサを流して食わせることが渓流釣りの本質であり、理想形であることを念頭に置くならば、必要最小限の大きさのオモリを使用することこそが、安定した釣果を得るための正道であることを肝に銘じておくべきです。そのうえで大オモリを使いこなす術を身につけるようにすれば、釣りの幅が広がってくるのです。

何かのことに特化すればするほど、伴うリスクもまた大きくなる。それが渓流釣りの世界の常であることを忘れてはいけません。

大オモリ使用時の注意

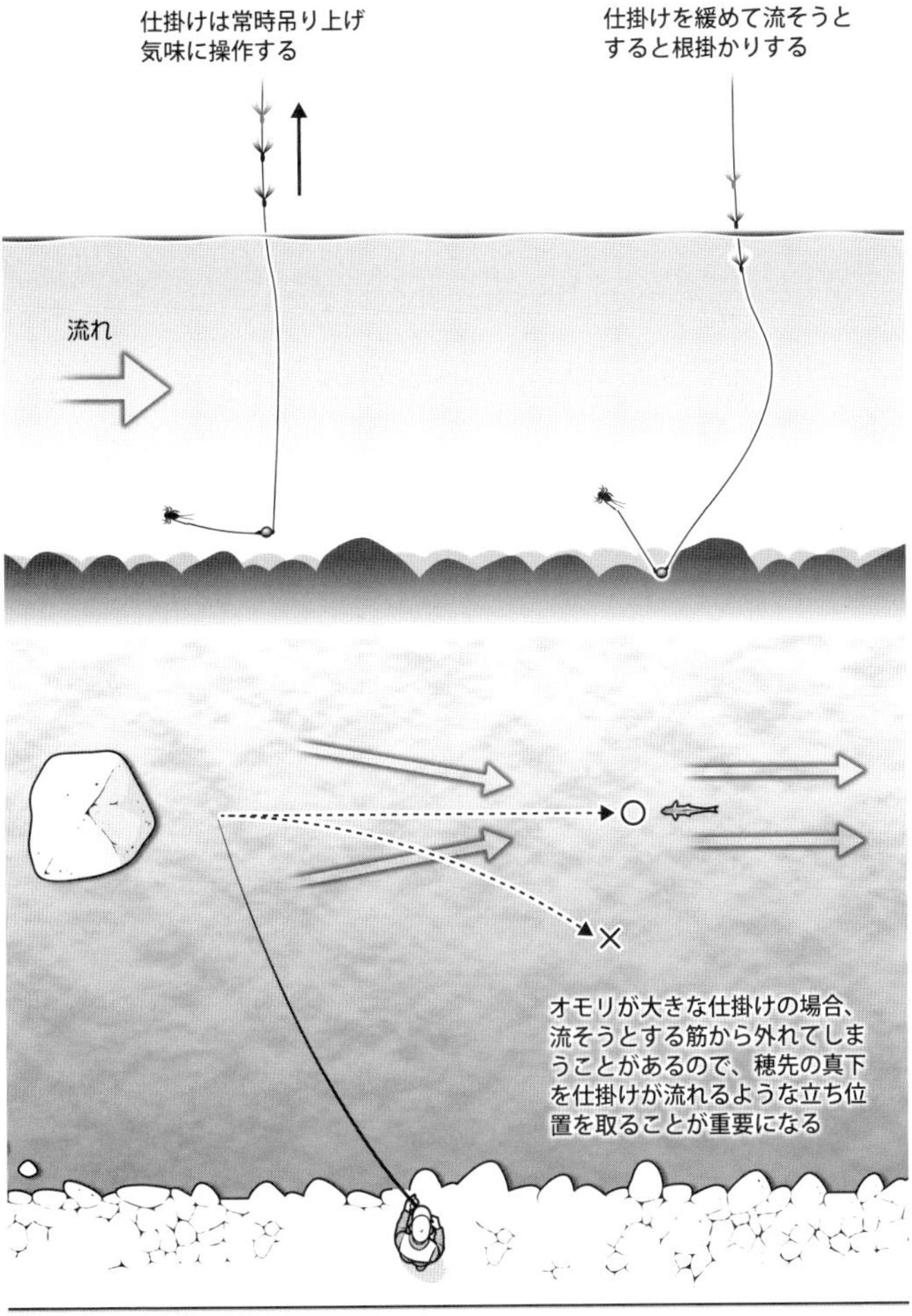
仕掛けは常時吊り上げ
気味に操作する
仕掛けを緩めて流そうと
すると根掛かりする
流れ
オモリが大きな仕掛けの場合、
流そうとする筋から外れてしま
うことがあるので、穂先の真下
を仕掛けが流れるような立ち位
置を取ることが重要になる

川の大きさに比例するポイント絞りの難しさ

ポイント選びについてはいろいろな角度から見てきましたが、これらはあくまで一般的な渓流域とされる規模の渓についてのものです。実際のフィールドは、川幅が2～3mしかないチョロチョロと水が流れる小川のような渓から、数十メートルはあろうかという川幅いっぱいに滔々《とうとう》と流れる本流域までさまざまです。

ポイントの絞り込みを考えたとき、小規模な渓流では、流れの揉み合わせやウケといった付き場にあまりこだわらず、川全体をポイントと捉えたほうがよい場合が多いものです。流れの変化にこだわる前に、渓魚の住処になりそうな岩陰であるとか、ブッシュの際などを重点的にねらうほうがおおむねよい結果に結びつきます。実際にサオをだしてみると、どこからかともなく影が走って食ってきたという経験があると思います。そういう意味でも規模が小さい渓でのポイント絞りは、難しく考えなくてもよいということです。

そして、ある程度の規模があり変化に富んだ流れの河川では、これまで触れてきたポイント攻略、絞り方に基づいてねらうことになります。

一方、本流域のような、より規模の大きな河川ほどポイントの絞り込みは難しくなります。広大な流れのどこに揉み合わせやウケが存在するのか、流れの形態は理想的なポイントに見えても、実は流れが死んでいて雑魚しか食わない場所だったりします。そんなときのポイント探しのコツについて考えてみます。まずは前章で解説した生きた流れを探すことです。川底の色がほかよりも青白く見えるところに注目します。当然規模の大きな川ほど川底の確認が難しくなるので、そんなときは男波を見つけることに神経を集中させるといった具合です。

しかし本流域では、それでもポイントを絞りきれない場面に遭遇することがあります。流量が豊富なため流れが安定せず、常に前後左右、上下へと動いていることが多く、仕掛けの投入点がつかみにくいことから、せっかく見つけたポイントを攻略しきれなかったりします。また流れが太く押しの強い奔流では、それまで見えていた流れの変化がフッと消えたかと思うとまた出現することもあります。そんなときこそ、あわててはいけません。波のようすを注視しながら、わずかでも出現する女波に向けてピンポイントで仕掛けを入れましょう。すると思いのほか簡単に底波へと仕掛けが引き込まれていくことがあります。そうなればしめたもの、あとは流れに乗せて流す基本に忠実な釣りを心がけるのです。どんなときでも基本をないがしろにしてはいけません。

もうひとひねりの攻略。セオリーがすべてではない

一般に渓魚は表層の速い流れを避け、複雑な川底の流れのある部分に定位しています。食い波を読み、渓魚が定位しているはずの男波の手前のウケへと仕掛けを入れる。ここでいう男波の手前のウケは、やはり底波に存在することがほとんどです。したがって、仕掛けはしっかりと底波を捉えるように流してやらなければいけません。同じことを何度もい続けていますが、このとおり実行すれば攻略として万全かというと、必ずしもそうではないこともあります。

淵や深トロなど水深があるポイントでは、表層、中層、川底でさほど流速に変化がないことがあります。また、ときには渓魚の好む流速が底波以外の流れにある場合も考えられます。たとえば投入した仕掛けが沈み始めた途端、不意にアタリが出てバラしてしまった経験をお持ちの方もいるでしょう。これはおそらく渓魚の目線が水面近くを流れるエサに向いていたのだと考えられます。エサとなる川虫の羽化が盛期を迎える頃、小雨が降って水面でたまにライズが見られるようになると、こんな食い方をしてくることが多いものです。この魚を釣るには、目印を低くして水面近くを仕掛けが流れるようにする必要があり

水深のあるポイントのねらい（表層〜底層）

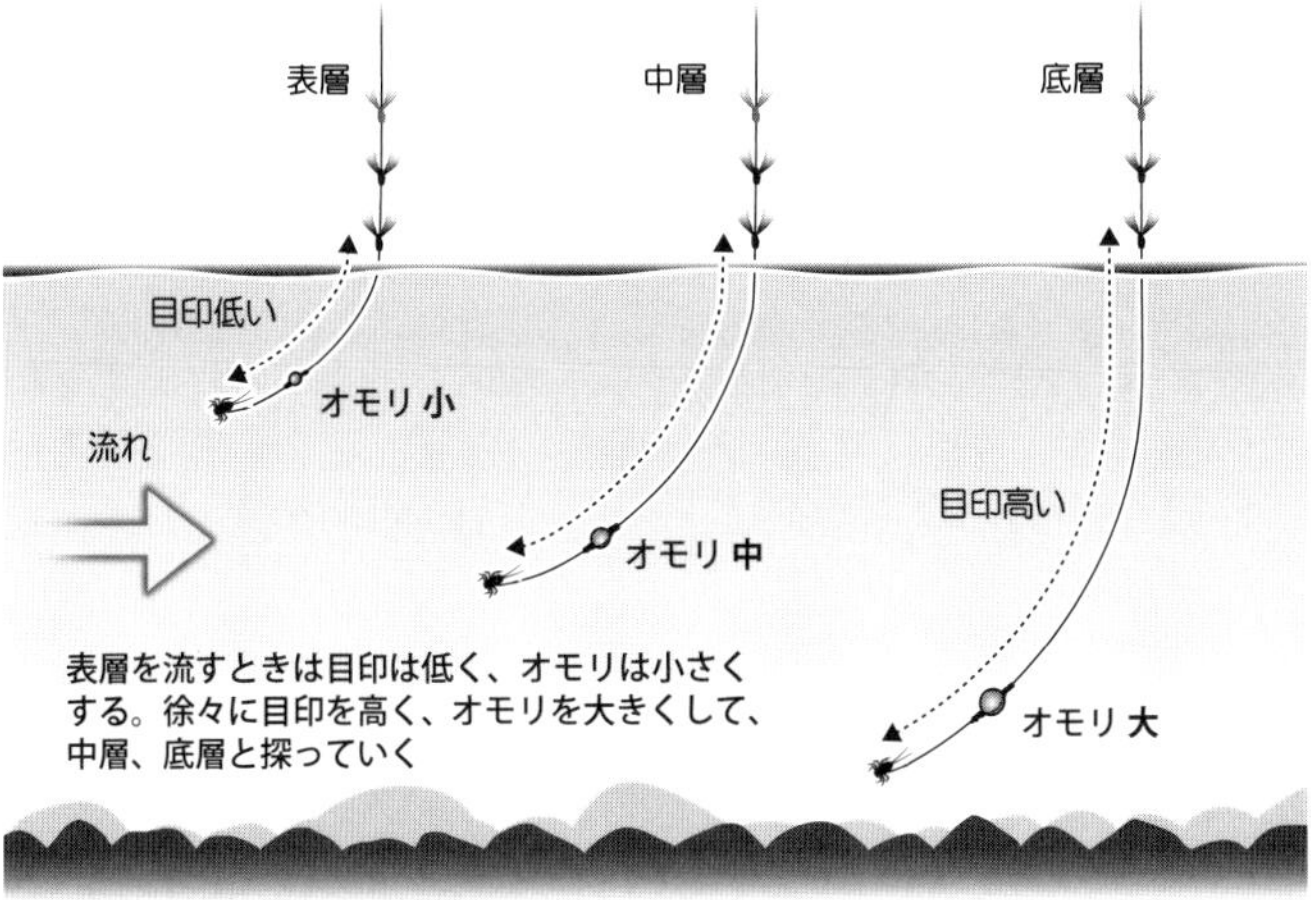
表層
中層
底層
目印低い
オモリ 小
流れ
オモリ 中
目印高い
表層を流すときは目印は低く、オモリは小さくする。徐々に目印を高く、オモリを大きくして、中層、底層と探っていく
オモリ 大

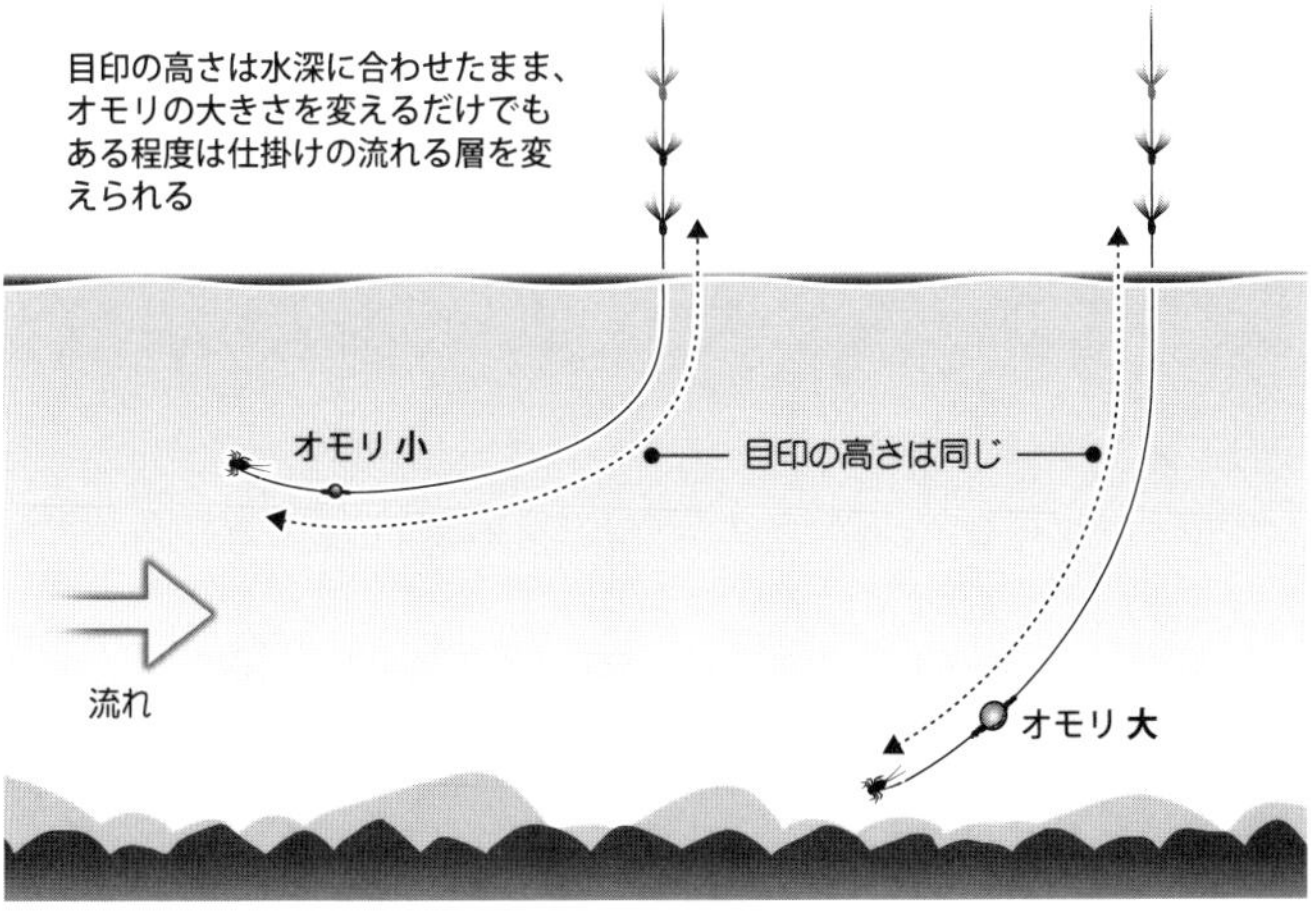
目印の高さは水深に合わせたまま、オモリの大きさを変えるだけでもある程度は仕掛けの流れる層を変えられる
オモリ 小
目印の高さは同じ
流れ
オモリ 大

ます。セオリーどおり底波ばかりを流していては釣れなかった魚も、これでゲットできることがあります。

あるいは、底波を何度もていねいに流したがアタリがなく、仕掛けを浮かせて流したらアタリが出始めた、なんてこともあります。そこで水深のあるポイントをねらうときは、あえて最初に流れのどの層に魚が付いているか探ってみることも有効な手段の1つといえます。その方法は、最初に軽めのオモリをセットし、目印を低くして仕掛けを吹かすようなイメージで水面近くを流します。次に少し目印を上げ、オモリも1ランク大きくして中層を流す。最後はさらに目印を上げ、川底近くを流してみる。こんな具合に徐々に深いところを探っていく方法で、その日のアタリが出る流れの層をつかみます。

水深の浅いポイントでは流れの層に気を使う必要はまずありませんが、水深のあるポイントではやってみて損はないです。セオリーどおりの釣りで思うような釣果が得られないとき、「もうひとひねりの攻略」を繰り出すことで現状を打開できる可能性があることを覚えておきましょう。

嫌な風も上手く利用すれば強力な味方に

風は釣りの大敵といわれます。特に軽い仕掛けを操る渓流釣りにとって風は嫌なものです。朝、それまで無風状態だった渓流に光が差し始める時間帯になると木々がざわめき、北風が吹き始めるのが春先の常です。サオも持っていられないような強風時はサオを休めたり、風裏のポイントを探すことになりますが、通常の風ならプラス思考で風を上手く利用することを考えましょう。

淵やトロのような流れの緩やかなポイントでは、風が吹くと水面にさざ波が立ちます。実はこの波立ちこそが釣り人の味方になってくれるのです。水面が鏡状のときは物陰に身を潜めていた渓魚も、水面が波立ち始めたとたんに警戒心が薄れ、が然活発な動きをすることがあります。こんなときこそチャンスです。思いがけない荒食いに遭遇できることがあります。

その場合のタックルですが、風が吹き始めたら当然オモリは通常使用しているサイズより少し大きくします。仕掛けを流す際は吹き上げる仕掛けを押さえ込むようなサオ操作を心がけます。上流から吹く風の場合は、穂先を風上へ倒して仕掛けが吹き上がらないように押さえ込むような感じで操作します。

下流から吹き上げる風の場合は少々難儀します。オモリをさらに大きくして、仕掛けの吹き上げに注意しながらも、若干仕掛けを吊り上げ気味にして流します。そうしないと根掛かりする可能性が高くなります。ときには仕掛けを下流側へ引っ張って流れと同化させるような操作が求められる場合もあります。このようなサオ操作は、風が吹いているときは淵やトロだけでなく、瀬を釣る場合でも求められる技術ですから、風対策として習得しておきましょう。

風のあるときの仕掛けの振り込みは、サイドスロー以外では難しい場合が多いものです。また風下から風上に向かって振り込むと容易にできます。釣り人の背後から吹く追い風のときなどは、仕掛けを上手く風に乗せてやると対岸のブッシュの陰など、普段投入できないポイントにも入れやすくなります。回し振り込みの場合も、サオを止める動作が風上に向かう方向に仕掛けを回さないと上手くいきません。

いずれにしても、風があるからといって釣りをあきらめることなく、上手く利用して釣り人の味方に付ける努力をしましょう。

どこで合わせる？　ハリ選びの基準

ハリは釣り人と渓魚の唯一の接点、重要なパーツです。にもかかわらず、案外無頓着な人が多いものです。ハリをどのような基準で選んでいるか？　と聞くと、渓魚の口は大きいからハリは大きめがよいとか、小バリはすっぽ抜けるからダメとか、釣り人それぞれに持論があります。できればもう少し考えてみてください。ハリのサイズと型を選ぶのにも基準があります。

サイズ選びの基本は、エサの大きさに合わせることです。小型の川虫の場合は小バリ、クロカワなど大きめの川虫やキヂの場合はサイズアップするといった具合です。もちろん同じ種類のエサでも大小はあります。その日使うエサの大小によって号数を見極めることはいうまでもありません。ハリの大きさの目安は、ヒラタやキンパクといったサイズの川虫で3号あたりのハリを常時使いとします。

また、40㎝オーバーの大ものねらいの場合は強度優先で7・5号以上か、サクラマス用・サツキマス用などと明記してある軸のしっかりした丈夫な大もの用ハリを選択します。いずれにしてもエサを刺したときにアンバランスにならないサイズを選択することが大切です。ときにハリが大きいからと小さな川虫を数匹刺している人を見かけますが、そもそも、川虫が数匹固まって流れるなどということは自然界ではまずありえませんから、渓魚にとっては逆に不自然に見えてしまうと考えられます。

魚の食いの善し悪しで、あえてサイズを変えることもあります。食いが渋いときは、食い込み重視でイト、ハリ、エサまでサイズを落とし、逆に食いが立っているときは若干サイズを上げて手返しを重視するといった具合です。

ハリの型は釣り人の好みもあると思いますが、僕なりの選び方はこうです。基本的に川虫を使用するときは掛かり重視で袖型、それもできれば軸が短めのものが好きです。以前はさらに掛かりをよくするために、ハリ先にヒネリを入れて使用したこともありました。今のハリはかえって強度を落とすこともあるようですから、しないほうが無難だと思います。また、キヂを通し刺しする場合は、できるだけキヂがまっすぐ自然に見えるようにとの思いから、キツネ型を使っています。川虫でも魚がハリに乗ってからバレが多発するときは、キツネ型に交換してバレにくくすることもあります。

最後に、ハリは先が命。常時チェックして、エサが刺しにくくなったようなときは即交換しましょう。

ハリは魚に接する唯一のパーツ。その重要性をかみしめてタイプや号数を用意したい。そして収納はシステマティックに

ナイロンとフロロ、「どっちがいい」より「どっちが合う」か

「戦後、女と靴下は強くなった」。失礼、「ナイロンが出回るようになってイトは強くなった」と僕の父が口癖のように言っていました。それまで使っていた真糸《まいと》や絹糸、本テグスはよく切られることがあったそうですが、丈夫なナイロンイトが出回るようになってから釣りは一段と進化したそうです。

そして今現在、渓流釣りに使うイトは、ナイロン製とフロロカーボン製が主流になっています。ご存じの方も多いと思いますが、それぞれの特徴は次のとおりです。

ナイロンは伸びがあってしなやか。フロロカーボンはシャキッとした張りがある。比重はフロロカーボンのほうが若干大きい（重い）。

このことを理解したうえで、じっくり使ってみて、自分の釣りにはどちらが合うのかを決めていきます。ちなみに僕は渓流釣りでも感度を求めるほうなので、伸びが少ないフロロカーボンを使います。もちろんさばきのよさも気に入っているところです。一方、目印の微妙なフワフワ感を好む人はナイロン派が多いようです。

ここで注意すべき点がもう1つあります。イトにはそれぞれ号数表示がありますが、こ

れは完全統一規格ではないということです。このメーカーのイトは丈夫で使っていたがどうも太い気がする……そう思ってマイクロメーターで計測して他メーカーの製品と比べてみたら本当に太かった、なんてことは実際よくあります。やはり信頼できるメーカーのイトを使うべきです。

イトの強度を活かすためには理にかなった結びをすることも大切です。イトを結ぶ行為は、イトの強度を低下させるということを理解したうえでしっかりと結びます。いくらよいイトでも結び方を間違えたり、いい加減な結び方をしていては駄目です。そしてもう1つ、できる限り結び目を少なくして各パーツを少しでも長くとることが強度の低下を防いでくれます。僕がハリス仕掛けを使わずに長い水中イト仕掛けにしている理由が、そこにあります。

結び方の基本は8の字結びです。イトが細くなればなるほどヒネリの回数を多くしていきますが、参考までに以前つり人社で検証したところによると、4回ヒネリの8の字結びが最も強度があるという結果が出たそうです。

ナイロンやフロロカーボン以外にも、メタコンポなどの複合金属イトを使用している人もいます。ダイワのテスター仲間である福田和彦さんは、メタコンポを使って誘引釣法なる釣り方を考案、実践して釣果を上げています。これは僕自身真似のできない特殊な釣法でもあるので、ここでは紹介を割愛させていただきます。

いずれにしても、渓流釣りにおけるイトの主流はナイロンかフロロカーボンです。見た目は同じようですが、それぞれの特性を理解して使用しましょう。

上段がナイロン製、下段はフロロカーボン製の水中イト。それぞれの特性をよく理解したうえで自分の釣りに合うものを選ぼう

エサは種類の選択と保存、替えどきに気を使え

渓流釣りで使う川虫の種類は、一般的にシーズン初めはキンパクやオコシムシと呼ばれるヒラタ、最盛期になるとナデムシと呼ばれる別のヒラタへと移り変わっていきます。一方でクロカワやオニチョロなどのように、量の差こそあれ年中採取できる虫もいます。いずれにしても、その時期その川に最も多く生息する川虫を最良とするのがエサ選びの基本であり、常識とされています。

ところが、ときとして常識に囚われすぎると裏目に出ることがあるのも事実です。特に川虫の端境期（種類が変わりつつある時期）は要注意です。前回釣行時の当たりエサに渓魚が反応を示さず、他のエサを使ったら爆釣ということがあります。どうも魚の反応がおかしいなと感じたら、現場で川虫が採取できる場合はいくつかの種類のエサを採り、渓魚の反応を見てみます。多少時間を使ってでも、その日の当たりエサを見つける努力をしてみましょう。またいざというときのために、キヂやブドウムシなどあらかじめ手に入れることができる予備エサも用意しておきたいものです。

釣り場でのエサの保存方法にも気をつけましょう。シーズン初期はさほど気にしなくて

もよいですが、気温が上昇する季節になるとエサの痛みは早まります。対策としてエサはクーラーボックスで保存し、エサ入れには必要最小限量を入れます。またその際、クールベイトなどのエサ入れには保冷剤を利かせて持ち歩くようにします。クロカワなどの特に痛みが早い川虫は、川虫ストッカーを利用するのもよいでしょう。苦労して採取した虫ですからよい状態を保つように気をつけます。

エサの替え時にも注意します。ヒラタやピンチョロなど軟らかい小型の川虫は、アタリが出ただけでハリからなくなっていたり、食い千切られていたりするものです。アタリがなくても、何度か振り込んで流していると足が取れてしまうこともあります。キンパクやオニチョロのように動きでアピールするエサは、動きが悪くなったら替え時です。キヂの場合も魚の噛《か》み跡が付いたり、少しでも千切れていたら即交換です。

仕掛けについても同様、ときどき手に取ってハリ先が潰れていないか、爪に当てるなどしてチェックします。イトについてもハリの結び目やオモリ付近にイト擦れはないか、パーマしていないか等を確かめます。特にオモリ付近は知らぬ間に結びコブができていたりするので、オモリからハリまでの間を指先でつまんでスッと滑らせてみましょう。コブができたり、ザラついていたら即切り捨ててハリを結び替えます。ハリの結び目近くも痛みの激しい部分ですから、少し強めに引っ張って確認します。切れたら当然結び替えです。

もちろん、イトが短くなったぶんは天井イトで長さを調節し、オモリの位置もズラして調節します。そのためにも便利でおすすめなのが天井イト仕掛けです。

エサの収納例。クールベイトとヒラタ（上）、川虫ストッカーとクロカワムシ（下）。エサは繊細な生もの、いい加減に扱うと釣りの質が急激に低下する

ヒラタなどの柔らかい川虫は何度か振り込んでいるだけでも足が取れたりする。こまめにチェックして不具合があれば即交換

釣り場での結びは便利ツールを利用して素早く確実に

現場で起こりうるあらゆる障害を排するためにも、釣行前の仕掛け作りはていねいに、慎重に行ないます。各パーツの接続部分には必ず何かしらのイトの結びがあります。この部分が上手くできているかどうかで仕掛けの強度が決まるといっても過言ではありません。

僕の仕掛け作りを少しお話しすると、僕は基本的に作り溜めはしません。たいていは釣行前夜に翌日使うぶん、普段はイトの号数ごとに5組くらいの張り替え用仕掛けを作ります。前回の仕掛けが残っていれば足りないぶんだけ作って補充します。もちろん水中イト部分だけで、天井イト部分は予備の2～3本で1シーズン通せる場合が多いのでほとんど作りません。そんな具合ですから、仕掛けの消耗が激しいときは現場でイトとハリを取り出して即席仕掛け作り、なんてのは毎度のことです。

皆さんはそこまでのことは少ないと思いますが、少なくともハリの結び直しは頻繁に行なうことになります。また、イトの接続の必要性も出てくるでしょう。これらを現場で行なうために必須の結びだけは覚えておきましょう。それはズバリ、ハリを結び替える際に使うハリの簡単結びと、天井イトとの接続部分となるイトの8の字結びです。この2つを

現場で役立つ２つの結び

ハリとイトを結ぶ簡単結び

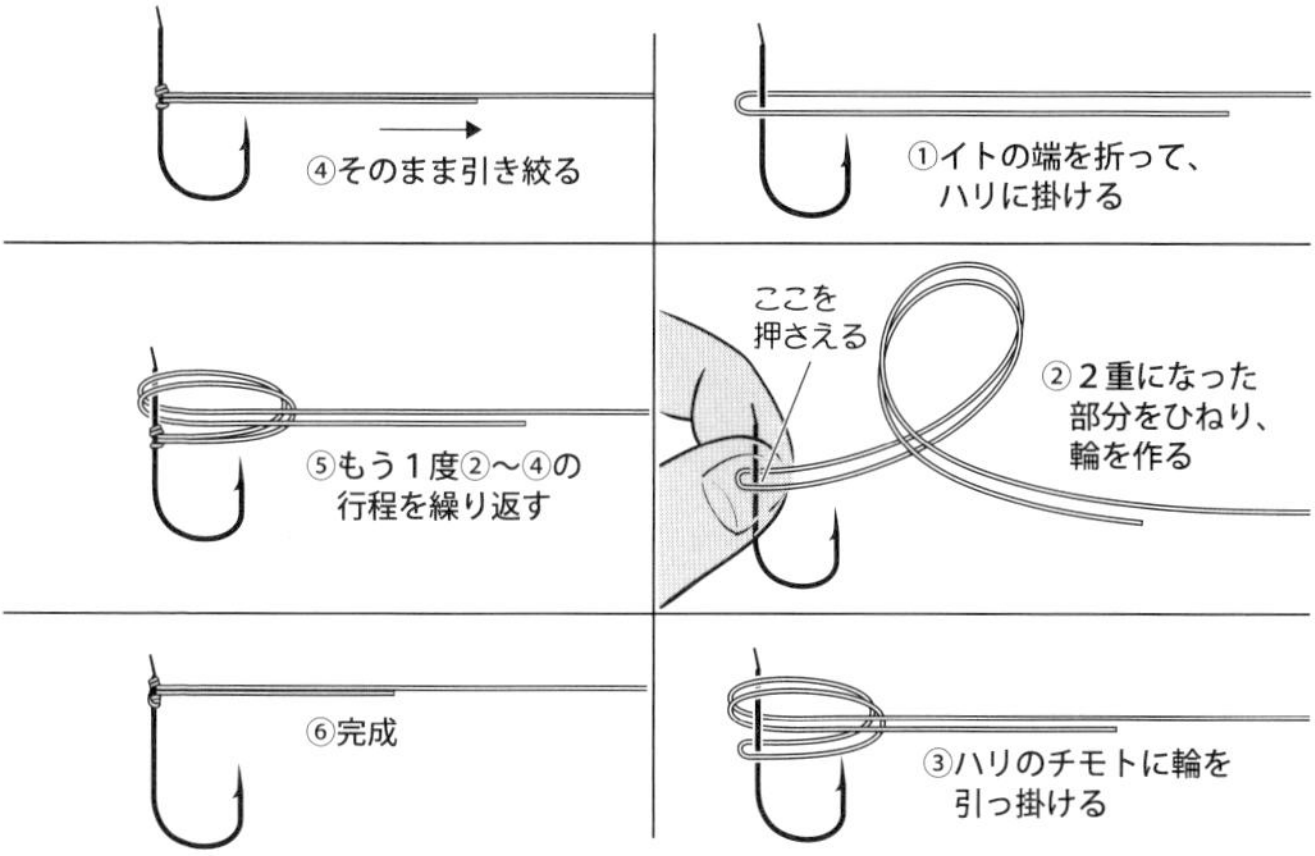

8の字結び（4回ひねり）

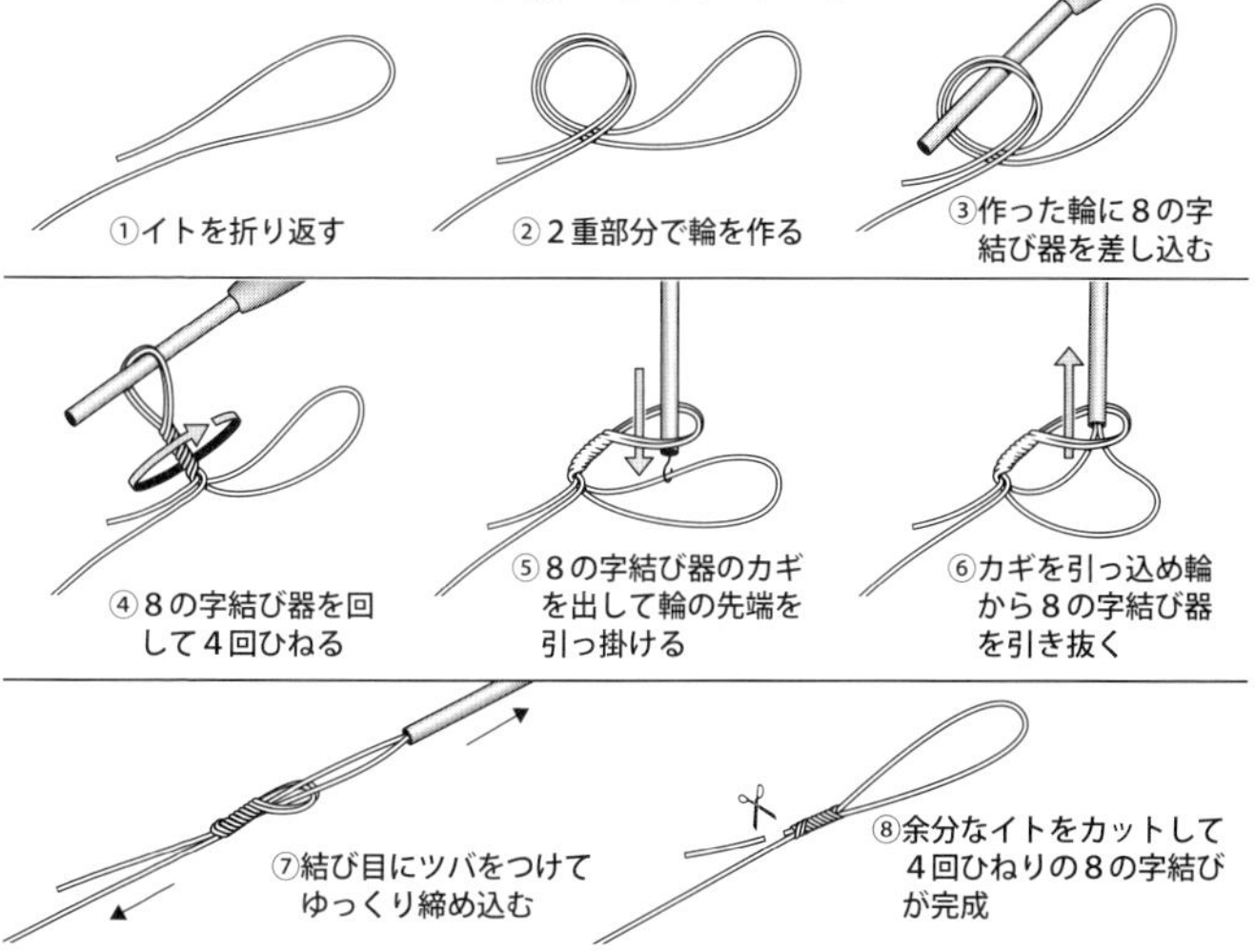

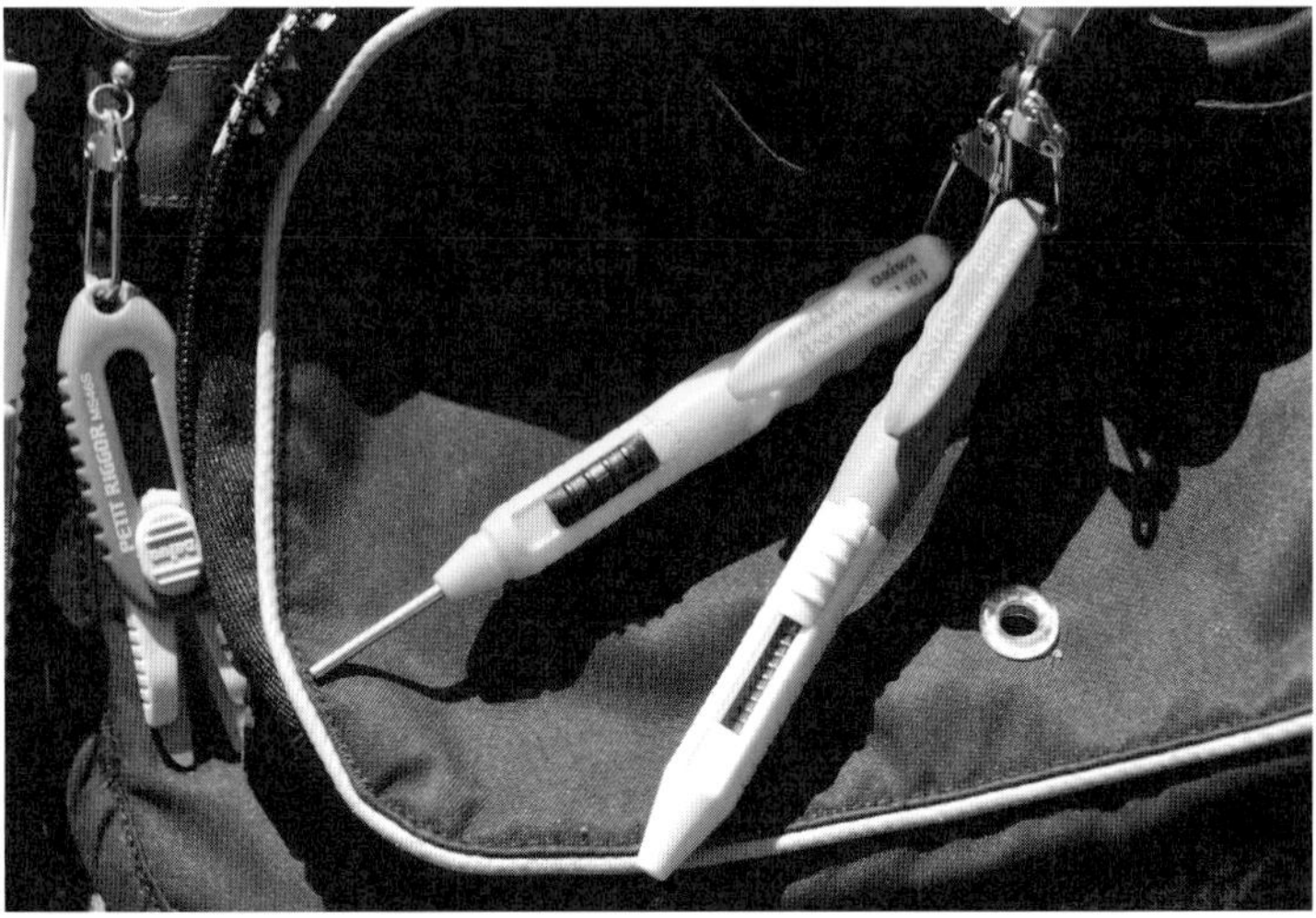

速攻8の字結び（上）、簡単おまつりほどき（下）。
いずれも釣り場で欠かせないアイテム

覚えておけばいざというとき、なんとかなります。もちろんハリス仕掛けを使用している場合でも接続には8の字結びは有効です。素早くきれいに結べるツールとして、速攻8の字結びを常時ベストに忍ばせておくことも忘れないようにしましょう。

そして追加でもう1つ、現場で案外多い仕掛けトラブルに、合わせ損なったときに仕掛けが巻いてしまい、オモリ付近に結びコブができてしまうことがあります。強い結びコブになってしまった場合は切り捨てて結び直すとして、オモリガードをそのまま活かすためには、できることならていねいに解きたいものです。そんなときに有効なのが、簡単おまつりほどき（ニードル）です。これも携帯していると役に立つ小物です。

変わっちゃいけないものもある「流しのフォーム」

　川の規模や渓相、使用するエサ、さらには釣れる魚のサイズによって、タックルはもちろんポイント取り、振り込みから流し方といった技術も変わってくることはお話ししてきたとおりです。でも変えてはいけないというか、変わると流しに影響するものもあります。それは仕掛けを流す際のフォームです。

　ある程度経験を積んだ釣り人なら、自分にとって最も自然な構えが身についているはずです。ところがいざ釣り場へ出てみると、ちぐはぐな動きが目につく場合が多々あります。利き手と反対側の手でサオを操作したり、片手で操作したりと、どう考えても安定した流しができない構えをしてしまう人もいます。

　そこで今一度、基本的なサオの構え方を復習してみます。両肩の力を抜き、利き手でサオ尻をしっかり握ります。反対側の手は無理のない位置で指の腹をサオに当てて支える感じで添えます。身体のブレをサオに伝えないためにも脇を締めすぎないよう、つまり肘を身体に付けすぎないように注意します。最初のうちは意識的に身体からひじを離すようにするとよいでしょう。この状態で仕掛けを振り込んで流すわけですが、仕掛けを流す操作で注意することは、手先でサオを操作しないこと。上体はある程度固めた状態を保持しながら腰（あるいは胴）の回転によってサオを操作することです。もうお分かりですね、上半身の構えが変わらないのが理想のフォームであり、仕掛けを流すようすをしばらく観察すればその人の技量が分かるというものです。

一方で、下半身は足場の悪い渓流域で安定するように肩幅程度に足を開いて立ちますが、速い流れに立ち込んだときはさらに足を広げて上流側へ身体を預けるように踏ん張らなければなりません。また、水面に人影を映さないようにときには屈んでひざまずいたり、座り込んだりしなければならないシチュエーションも出てくるので、さまざまな形をとることになります。そんなときでも上半身の構えは変わらず、ほぼ同じというのが理想のフォームというわけです。

安定した上半身の構えから繰り出される、流れるようなサオさばきこそ傍から見ていてほれぼれするような釣り姿といえます。そんな人の仕掛けはブレることなく、スーッと流れるものです。

平坦で開けたやさしい釣り場では何も考えなくても決まった構えができていると思いますが、ときどき自分のフォームをチェックしてみましょう。

足元が不安定な渓流では、下半身は立ったりしゃがんだりと忙しい（上）。
それに対して、サオを構えている上半身は仕事中の職人のようにいつでもピタリと姿勢が決まっているのが理想（下）

実は見えていない!? アタリの本質

分かっているようで分からない、見えるようで見えない、かといって今さら人に聞きたくない。ズシッと胸に突き刺さる方、いませんか？　気にすることはありません。皆そうです。渓流釣りにかぎらず、そもそも釣りの世界、言い当てているようでそれはほんの一例という事例が数多くあります。

僕は過去の著書や『つり人』誌上などで、さまざまなアタリの出方とその対処方法について解説してきました。ほかの方も似たような感じで所見を述べられる向きが多いと思います。でも、たいていの場合それは代表的な事例についての解説であり、すべてに当てはまるものではないということをご理解ください。

一方では目印に出ないアタリ、目印に出ているのだろうけれども見えていないアタリ、というものもあります。知らないうちに魚が食っていたという経験をお持ちの方もあろうかと思います。水面近くを流れる目印を凝視していて「何かしら違和感のある流れ方をするな」という経験をお持ちの方もいるでしょう。ときには仕掛けを投入して流れに馴染ませようとしても上手く流れ始めない、アレッと思って仕掛けを上げるとゴトゴトッときて

アタリの出方

目印がスッと止まって水中へ入るアタリは、魚がしっかりエサをくわえ込んだ理想的なアタリ

目印にチョンと出るアタリは、魚がエサを離している場合が多い。流す筋がズレていたり、層が違っていることが考えられる

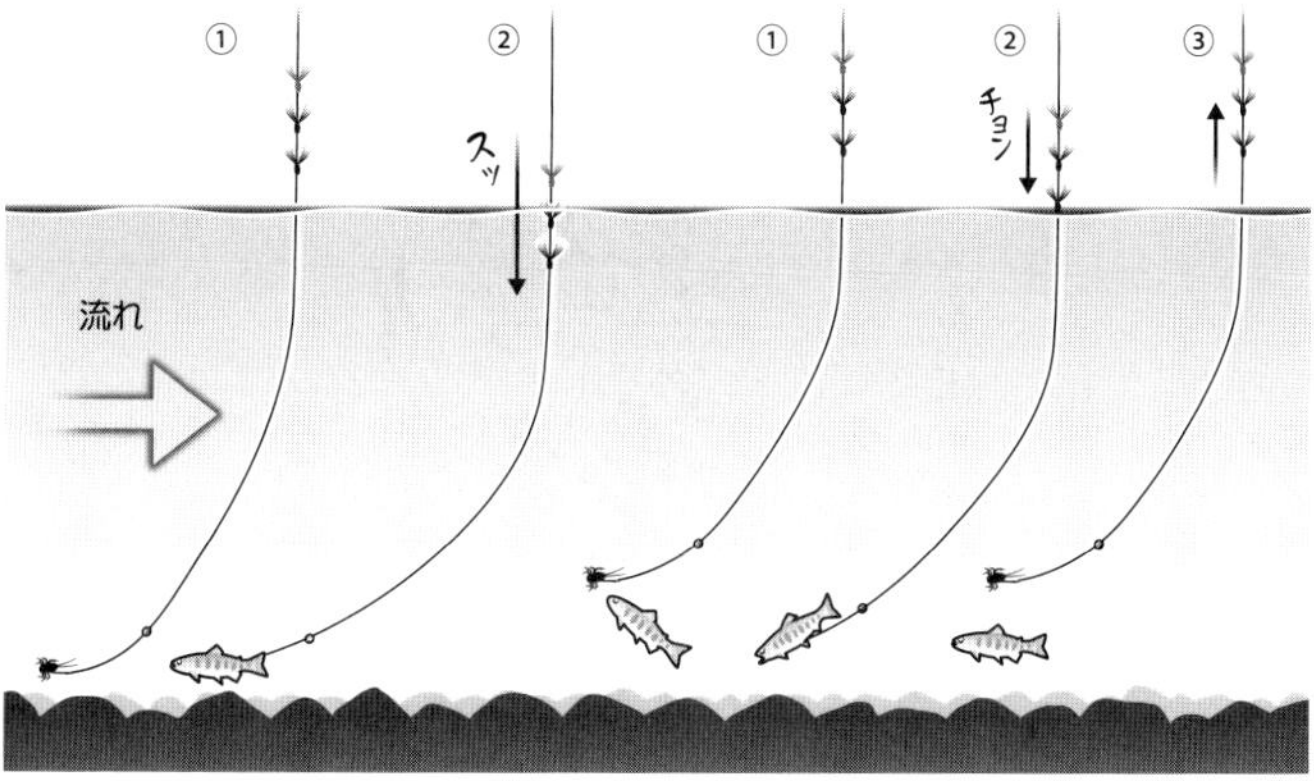

何度もチョンチョンと目印が変化しながら仕掛けが流れていくアタリは、すでにハリ掛かりした魚が、ハリを外そうとしながら水中でもがいている場合が多い

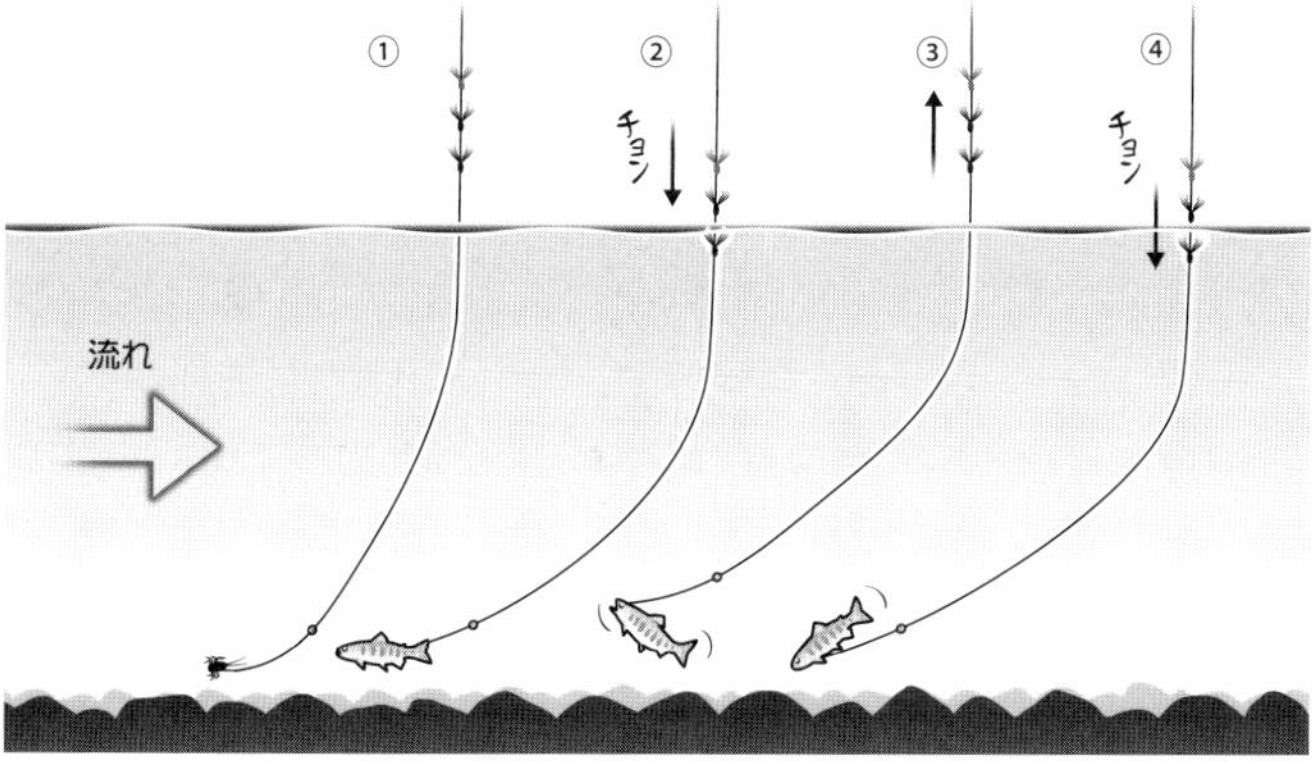

バレたなんてこともあります。

目視で捉えることのできないこれらの現象を感じ取ることができる手段もあります。高感度のSMTロッドを使用することです。それこそ、仕掛け（オモリ）が川底を擦る感触や、魚がエサに反応して目印に出る手前のエサに触る感触（前アタリといいます）までも手元で感じ取ることが可能です。もっともこの感度を得たところで、魚がエサを食い込む前に合わせてしまってはバレるじゃないかといわれればそのとおりで、否定はしません。実際にSMTロッドの開発中にはそんな失敗も数多くしました。

一方で、水中の魚のようすが見える環境下で魚と仕掛けの関係を凝視しながら手元への感じ方のテストを繰り返したおかげで、ときには流し方に不備があるかどうかも感じ取ることができるようになりました。

少し深入りしすぎたので話を戻して、「じゃあ本題のアタリの本質ってなんなの？」ということですが、見えないアタリや見えにくいアタリを無理に取って魚をバラすよりも、「見やすいアタリを出すことに心血を注ぐべき！」がここでの結論です。いわば本物のアタリを出す努力をしましょうということです。魚がガッチリとエサをくわえ込んだときに出る明確なアタリは合わせやすく、確実にハリ掛かりさせることができます。常時そんなアタリが出るような仕掛けの流し方ができれば、間違いなく釣果アップにつながります。

その空アワセ百害あって一利なし

仕掛けを流し切るとき、必ず空アワセをしないと気がすまないという人がいます。理由を聞くと、仕掛けを流し終わる頃に渓魚が不意に反応することがあるから、それを掛けるためにするのだといいます。そして実際に魚が釣れることがあるともいいます。

ちょっと待ってください。その前に、魚がエサについて下るときの水中のようすを想像してみましょう。渓魚は自然に流下するエサには素直に反応します。よほど警戒心が強くない限りエサを見つけるとサッと捕食して定位する場所に戻ります。ところがハリに付いたエサは仕掛けが受ける水の抵抗や、釣り人のサオ操作次第でどうしても不自然な流れとなります。魚はそのようすに警戒感を示しながら流れるエサを捕食しようとしているわけで、流し終わりのいよいよエサがいなくなる寸前で我慢できなくなり反応するという現象が起こっていると思われます。その前後に空アワセをすると、渓魚の目の前から不意にエサがいなくなるわけですから、魚はよりエサに不信感を抱くことになりかねません。空アワセで食ってきたというのは、そのときすでに魚が食っていて釣れたと考えるべきです。

仕掛けを流し切る寸前で魚が出そうな気配があるとき、やるべきことは空アワセではなく仕掛けを送り込んでやることです。仕掛けを流し切って穂先を止める寸前で、エサを送り込んでやるイメージで少し穂先を下流側へ下げます。この瞬間に魚が反応してガッチリ食い込むことが多いのです。こんなときには目印にもしっかりアタリが出ます。これをやらずに空アワセをすると、最悪の場合は魚がゴテゴテッとハリに触ってバレてしまいます。一度ハリに触った魚はその日はまず二度と反応しないでしょう。

特に、淵のヒラキなど何尾か出そうなポイントで空アワセをして最初の1尾をバラすと、そこでもっと釣れるはずだったほかの魚まで深みへと追い込んでしまうことになりかねません。いっそのこと何もしないで穂先を止めて流し終えたほうがよいのです。

このようなアタリに対応するためにもう1つ考えられるのはサオ、特に穂先の硬軟の問題です。食い込みのよさは穂先の軟らかさに比例します。硬い穂先では弾かれてしまうような魚の出方をしたときでも、軟らかい穂先ならしっかり食い込むことがあるのでそんなサオをチョイスするのも一手です。そして、オモリは小さめがよいでしょう。大きめのオモリを使っているときはオモリとハリの間隔を広く取ります。イメージとしては、エサを流れに漂わせるようなフカセ気味の釣りを心がけるとよいでしょう。

空アワセのもっと悪い例を挙げます。仕掛けを流す途中でときどきサオをあおるような操作をする人がいます。魚の反応らしきものがあるから穂先で聞いているのだといいま

アワセに「空」はいらない。確信を持って合わせよう

す。仕掛けを流す際のサオ操作の基本は、目印の流れるままに穂先をつけてやることです。上級テクニックの1つで、仕掛けを斜めに入れてスピードをコントロールしているとき、それまで仕掛けが流れるままに送り込んでいた穂先を止め気味にして魚の反応をみることはありますが、あおるという動作は考えられません。穂先をあおる＝水中のエサが大きく踊ってしまいますから、それを見た渓魚はびっくりして一目散に身を隠してしまうことでしょう。これは論外です。

アワセはアタリが出たとき初めて行なうものです。以後、絶対に空アワセはしないようにしましょう。

目で見る釣りから感度の釣りへ

渓流釣りでは従来、目印の変化で水中を流れる仕掛けのようすを見て取っていました。アタリも目印が震えたり、フケたり、水中に入り込んだりという変化が出るのを待って合わせていました。ところが、その前に渓魚がエサに触れていたり、くわえかけて離したり、いろいろな状況があるはずです。そんな水中のようすをなんとかして釣り人に伝えることができないかと開発されたのが、繰り返し触れてきたSMTロッドです。僕自身がフィールドテスターとして開発に携わったサオなので、その特性について少し紹介したいと思います。

SMTロッドは渓流ザオに求められる感度として3つの実現を図りました。1つめが「流し感度」です。渓流釣りで重要なのは仕掛けを流す筋と、水中でのエサ（オモリ）の位置。スーパーメタルトップの感度がオモリから得られる情報やイトが流れの抵抗を受けることで得られる川底のようすを伝えてくれることで、釣り人はより水中のイメージを膨らませ、一歩先を見据えた仕掛けの流し方ができるようになるというものです。

2つめは「アタリ感度」。スレた渓魚にありがちなエサに触れながら下ったりする際の

SMTロッドの特性「3つの感度」

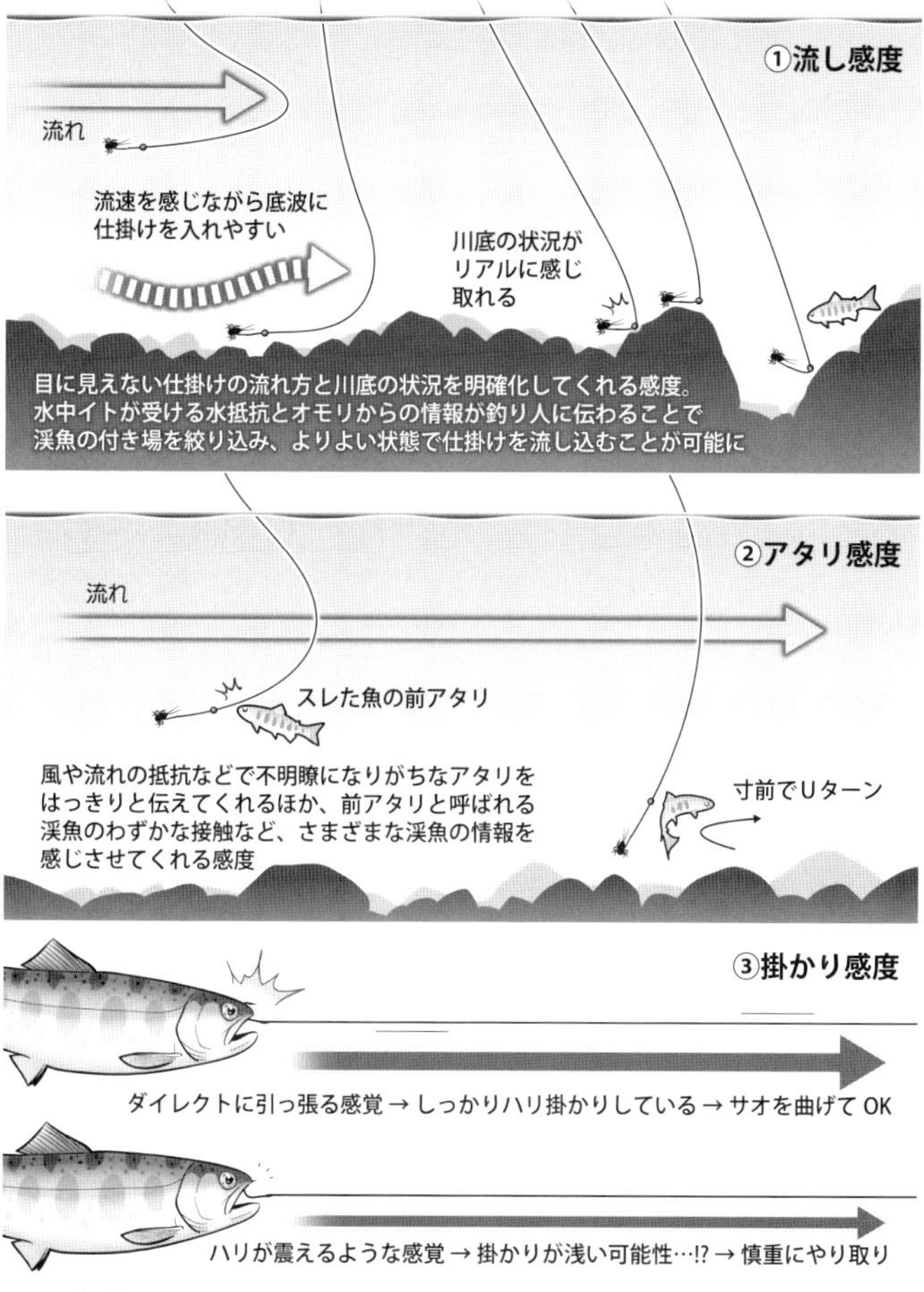
①流し感度
流れ
流速を感じながら底波に
仕掛けを入れやすい
川底の状況が
リアルに感じ
取れる
目に見えない仕掛けの流れ方と川底の状況を明確化してくれる感度。
水中イトが受ける水抵抗とオモリからの情報が釣り人に伝わることで
渓魚の付き場を絞り込み、よりよい状態で仕掛けを流し込むことが可能に
②アタリ感度
流れ
スレた魚の前アタリ
風や流れの抵抗などで不明瞭になりがちなアタリを
はっきりと伝えてくれるほか、前アタリと呼ばれる
渓魚のわずかな接触など、さまざまな渓魚の情報を
感じさせてくれる感度
寸前でUターン
③掛かり感度
ダイレクトに引っ張る感覚 → しっかりハリ掛かりしている → サオを曲げて OK
ハリが震えるような感覚 → 掛かりが浅い可能性…!? → 慎重にやり取り

大型魚とのやりとりは相手の動きに瞬時に対応できるサオさばきが重要となる。
掛かり感度とは、ローリングや突然の走りなどの渓魚の挙動や、ハリの掛かり
具合を釣り人に伝えてくれる感度だ

微妙な感触など、これまで知り得なかった渓魚の存在感も伝えたり、オモリが川底の石などに触れながら流れるようすを感じることができる感度です。これはポイントの見極めと確実なアワセのための大きな助けとなります。

そして3つめが「掛かり感度」。大型の魚にありがちな首振りやローリング、そこからの一気のダッシュに迅速に対応するための感度で、魚の動きを予測し、常に釣り人優位のやり取りを可能にしてくれます。掛けた瞬間に魚の大小を判断して小型とみれば一気に抜くこともできるので、効率のよい釣りにもつながります。

しかし、このサオもその特性をよく理解して使用しなければ宝の持ち腐れになってしまいます。僕自身もテスト中に何度か経験していますが、あまりに感度がよいため、目印に出る前に手元で感じるコソコソッという感触に、思わず早アワセしてしまうことが何度かありました。魚を掛けてからも、ゴンゴンと手元に来る感触にびっくりすることがありま す。しばらく使っていると手元に伝わるさまざまな情報が理解できるようになり、自分の中で仕分けできるようになってきます。そうなればしめたものです。次の一手を見越した釣りが可能になってくるのです。

僕にとっては、これまで以上に釣り人優位の積極的な釣りを可能にしてくれるサオ。渓流釣りも感度の時代に入ったということを覚えておいてください。

タモは利き手と反対側の腰に差す

かつて渓流釣りでタモはそれほど重要視されていませんでした。ヤブ漕ぎすることもある釣りですから、移動の際に引っ掛けて落としたりするなど、腰に差したタモは邪魔になるというのがその理由でした。

一方で、長良川を稼ぎ場としていた郡上の職漁師は、ウケダマと呼ぶ直径7～8寸のタモを使っていました。彼らの釣り場が広大な長良川本流域に及んだことを考えると、水中に立ち込んでの釣りが当たり前であり、大切な商品であるアマゴを確実に納めるためにも取りこぼしは許されないという必要性からだと思われます。

今でこそ渓流で見かける釣り人のほとんどはタモを腰に差して携行するようになっています。ところが、本当にタモの機能を活かすような使い方をしているかというと、中には今一つという例がなきにしもあらず。ベルトに差してはいるのですが、タモが背中側にある人が多いのには驚かされます。

タモを差す位置は、右利きの釣り人の場合、基本は左腰です。左利きの場合は腰の右側となります。渓魚のアタリが出たら合わせます。そのアワセの操作の延長で抜きにかかり、水面を割った魚を手元へ飛ばします。飛ばす方向が定まったらサッとタモに手を掛けて受ける準備に入ります。そのときわざわざ背中のタモを手探りで、なんてやっている隙に、せっかく掛けた魚がポチャンと落ちては元も子もありません。

ポイント移動のときはどこにタモを差していようとかまいませんが、少なくともハリにエサを付け仕掛けを振り込む時点では左腰（あるいは右腰）にタモがあるべきです。サオの調子や張りにもよりますが、小型サイズなら腰のタモを抜かなくても、手を添えるだけでダイレクトに魚を受けることもできるようになります。そうなってくるとますます効率的な釣りができるというものです。大ものが食ってきたときも然りです。慎重にやり取りして、いざすくい取る段階になってバタつかないためにもタモはすぐに手の届く位置に差しておくべきなのです。

ここでタモの携行について1つ役に立つ豆知識を。ヤブ漕ぎの際にタモを落さないようにする工夫があります。写真のようにタモの網部分が胸側に来るように身体の前に、それも編地の底が手前に来るようにひっくり返して差すのです。そのとき編地の部分で首から下げたエサ箱を押さえるようにすると、エサ箱もブラブラせず、目の前にタモがあるわけですから、知らないうちに落とすこともなくなります。

たかがタモですが、されどタモです。魚を掛けて取り込むまで一連の動作の結末を気持ちょく終えるための必需品がタモですから、今一度その価値を見直したいものです。最後に、抜き差ししやすく抜け落ちにくい形状のものが使いやすいタモですから、今後購入を予定されている方はご参考までに。

アワセから抜きまでを一連の動作で流れるように行なうためには、タモは利き手と反対側の腰に差しておく必要がある。この写真ではそれがよく分かる

ヤブ漕ぎの際はこのようにするとタモが邪魔にならず、紛失も防ぐ

ゴールデンに備える

ゴールデン。テレビ業界では最も視聴率を獲得できる時間帯のことをそう呼んでいるようですが、渓流釣りにおいてもゴールデンと呼ぶにふさわしい状況がいくつかあります。たとえ1シーズンに1回でもこういった場面に遭遇できたなら、まさに至福のときを過ごせるのです。曲りくどい言い回しになりましたが、要は爆釣する可能性がある状況のことをゴールデンとしただけのことです。一般に雨後の引き水時は、サラ場の一番川を釣ることができるのでこれにあたるといわれます。そしてもう1つ、水面をなでる風がやや暖かくなり始める、時節でいえば3月も半ばを過ぎるあたり、この頃は日差しのある日中は風に悩まされることが多いものですが、雨前の曇天時は一日中風もなく水も温んで渓魚の活性が一気に高まります。

もしも釣行日を自由に選択できる余裕があるのなら、ぜひこんなときに照準を合わせたいものです。もちろん、準備は万端怠りないようにすることはいうまでもありません。エサはいつもより多めに持参し、仕掛けも予備を多めに作っておきます。渓魚の食いがよいときには概して型もよいですから、1ランク太めの仕掛けと強いサオもあらかじめ準備しておきます。特に増水後の高水にターゲットを絞ったときはなおさらです。そのシーズンの最高釣果を目差すことができるのもこんな釣行ができたときです。

日々の釣りの中でも好機はあります。俗にいうゴールデンタイムというやつです。渓流釣りでは朝夕のマヅメが代表的ですが、この時間帯も大切にしなければいけません。極力取りこぼしをしないように集中して、釣果につなげることが大切です。

せっかく巡り合えたゴールデンは悔いのない釣りをしたいものです。

テレビのゴールデンは視聴率、
釣りのそれは渓魚の稼ぎどき。
好機を逃すことのないように

安全第一に勝るものなし

常に移動を繰り返す渓流釣りでは、その移動中に見えない危険が潜んでいることがあります。まずは移動時の仕掛けの処理について。ブッシュを歩いたり高巻の際は仕掛けを仕舞ってから移動しますが、サオの握りにぐるぐる仕掛けを巻きつけるだけですませたり、穂先に付けたままで簡易仕掛け巻きに巻き取りサオにゴムで止めたりする人を見受けます。できれば仕掛け巻きに巻き取ってサオをたたみ、穂先から外してベストに仕舞いましょう。ある程度の太イトなら問題ないかもしれませんが、細イトを使用している場合は注意が必要です。イトはデリケートなもの、できる限りの注意を払って扱いましょう。また穂先から外さずに移動すると、イトをブッシュ等に引っ掛けて最悪の場合穂先を折ってしまう原因にもなりかねません。

それ以上に注意しなければならないのが取り返しのつかない怪我です。第一に、不用意に地面に手をつかないこと。切り傷、擦り傷防止は当然ながら、怖いのはマムシです。ガレ場のような石がごろごろした斜面ではつい石に手を掛けながら上り下りしがちですが、そんなガレ場こそマムシ生息の可能性大です。特に日当たりのよい場所は危険で、絶対不用意に手をついてはいけません。マムシがトグロを巻いて日向ぼっこしています。もし、人気のない渓流でマムシに噛まれようものならと考えただけでゾッとします。

もう1つ、夏場の渓流で気になるのがヤマビル。これも人の血を吸う嫌な生物の代表です。ヤマビルは、かつては同じ流域でもいるところといないところが分かれていましたが、近年は生息域を拡大しつつあります。シカなどの野生動物が増加し、動物の体にくっついて移動することで徐々にその勢力を拡大しているといわれています。渓流釣りの場合、ウエーダーを履いているので足元は大丈夫だと思いますが、首筋は要注意です。背中などに入り込み、噛まれると思い切り血を吸われた挙句、傷跡の血がなかなか止まりません。

何をさておいても安全第一、楽しい釣りの大前提です。

移動の際の仕掛けの取り外しは億劫がらずに。渓流では一見些細なことがトラブルの元になるものだ

本流大もの釣りの肝心要

近年人気が高まっているジャンルの1つに本流域での大もの釣りがあります。対象は遡上系の大型サケ科魚類で、ノボリと呼ばれるヤマメやアマゴの大型魚、サクラマス、サツキマス、または特大ニジマスから釣獲調査で釣ることのできるサケまでさまざまです。ここでは基本的に難易度が高いとされる在来のサケ科魚類に的を絞って考えてみたいと思います。

広大な本流域での大もの釣りでは、魚を釣りあげたときの満足感は通常の渓流、本流釣りとは別物の感動を味わうことができます。一方でただ闇雲にサオを振っても、魚の顔を見ることとすらできないという厳しさもあります。魚と出会う確率を増やすための努力と、掛けたら逃さないための対応について、やるべきことがあります。

まずはポイントの絞り込みです。実はこれが一番大変で、既刊本で触れているので詳細は割愛しますが、ひと言でいえば敏感で狡猾な大型魚がその大きな魚体を潜め、安定させながら定位できる流れを探します。この条件をクリアするのは水深があって、ウケが存在する流れです。大淵の中に点在するこのような流れに的を絞ってねらうようにします。

魚との出会いを増やすためには、ここぞというポイントは徹底的にねらうこと。サオを振る回数が魚と出会う確率を高めてくれます。もちろん流すタナはしっかり底を取りながら魚に違和感を与えないように、そして不意に出るわずかな目印の変化を見逃さないように五感を研ぎ澄ませ、集中して流すことはいうまでもありません。

アタリがあればしっかり合わせます。中途半端は不可で、求められるのは硬い口にハリ掛かりさせることができるアワセです。アタリを取り損なったとき、ハリに触った魚はその日はあきらめることになります。おそらく二度と口を使ってくれません。しつこさが裏目に出ることがあるので要注意です。ただしエサに傷がつく程度の軽いアタリでハリに触っていなければ、まだなんとかなると思って大丈夫です。その場合は少し時間を置いて、もう一度ねらってみます。

ハリ掛かりすると魚は一気に走ります。超大ものになると合わせても一瞬川底に張り付いて動きませんが、その後の走りは強烈です。この走りを止めることができるか否かが最初の勝負の分かれ目です。魚に走られジャンプされた場合はバラす確率が高くなります。これを防ぐには上ザオで絞り込み、穂先で魚の跳ねを押さえ込むイメージで止めてやります。このとき重要なのがサオの感度です。ここでもＳＭＴロッドは威力を発揮します。手元へと直に伝わる「掛かり感度」が豊富な情報を伝えてくれるので、常に釣り人優位の釣りが可能になります。また最低限あらかじめサオとイトの限界点を知っておくことは重要です。そして限界ぎりぎりのところまでサオを絞って、魚の走りを止めます。

最初の走りを止めたらあとはあわてず、サオとイトの角度を鋭角に保ちながら魚との駆け引きを有利に進めることを心がけます。大石や岩盤の多いポイントではイトの石擦れに注意して立てザオ気味にやり取りします。じっくりといなし、魚の動きが安定したら浮かせにかかります。そしていよいよフィニッシュですが、強引なタモ入れは禁物。あわてると足元で走られプッツンの憂き目にあいますから、じっくり弱らせて、魚が水面に横たわる状態になってから取り込むとよいでしょう。

以上、本流域の大もの釣りにおいては常に次の動作

中途半端な釣りは本流では通用しない。ポイントを絞り込む目と、粘り強さ、最後まで気を抜かない集中力の先に、大きな喜びが待っている

を念頭に、魚に先手を取られることなくスムーズに次の行動へ移ることができるようにすることが大切です。

なお、ここで触れた本流大もの釣りは可能な限り細いイトを使い、イトの限界点ぎりぎりのところで魚とやり取りする状態を想定しています。たとえば40㎝オーバーの本流魚を0・4〜0・6号イトで取り込むようなシチュエーションです。もちろん1号のイトでも釣れることは釣れます。その場合は出会いの確率が少なくなる代わりに、掛けてからの取り込みは断然釣り人が優位です。どちらをとるかはあなた次第。僕の渓流釣りのポリシーとしては前者です。だって、まずは出会いがなければ楽しめないじゃないですか。

未知の川、釣りのスタイルは新しい出会いと発見の宝庫

いろいろな情報を仕入れながら自分なりに実践してきた釣り。通い慣れた釣り場はほぼ知り尽くし、そこに入川しさえすればまずまずの釣果も上げられるようになってきた。そんな釣り人の多くがいつもの川へと向かう途中に、サオはだしたことがないけれど渓魚が棲みそうな流れを目にしていると思います。でも慣れた川ならボウズは免れることができる。初めての川は入渓点を探すのも面倒だし、そもそも釣れるかどうか分からない状態でサオをだす気にならないなどと考えながらやり過ごしてはや数年。

ちょっと待ってください。ひょっとしたらその渓流、メジャーな川でなくても魚影が多い穴場かもしれません。一日、せめて半日でも新しい川の探索にあててみてはいかがでしょうか。あなたのホームグラウンドに取って代わる素晴らしい釣り場を開拓できるかもしれません。

同じような意味でもう1つ。これまで渓流域の釣りはやってきたけれど本流の経験がない人、あるいは源流にしか行かない人、逆に本流大もの釣りばかりで支流には入らない人……。ゼロ釣法から本流の大もの釣りまで、幅広い渓流釣りの世界で1つの枠の中だけに

留まるのはもったいないことです。ぜひ、他のスタイル・エリアにも足を伸ばしてみてください。釣りの幅を広げることによって、もっともっと楽しい渓流釣りの世界に出会うことができる可能性大です。

ときには通い慣れた釣り場を離れて未知の流れを探ってみよう。初めての渓流には、初めての出会いと経験が待っている

どっちがエライ!?　数釣り派VS大もの釣り派

本書に限らず、渓流釣りの書籍、特に入門書やステップアップ本はたいていの場合、数釣りのためのノウハウを中心に説きながら大もの釣りにも触れるといった具合の内容となっているのが一般的です。

渓流釣りの世界に足を踏み入れた人は、たいてい最初は教えどおりに基礎から学び始め、徐々にいろいろなスタイルに進んでいくことになります。ところがある程度経験を積んでくると、いつのまにやら数釣り派と大もの釣り派の両極端へと釣り人の分散が始まっていくのです。

たとえば数を釣りたい人は徐々に細イトを好む傾向が強くなり、ゼロ釣法にも傾倒しながら、型はともかく数を釣ることに一所懸命になっていきます。逆に、渓流から本流域へとフィールドを広げていった釣り人の中には本流の魚の強烈な引きに魅了され、徐々に大ものへの憧れが強くなる道のりを歩む人が多いと思われます。

よい悪いの問題ではなく、なぜかそういった傾向が見えてくるのです。そこには数釣り派には数釣り派の、大もの釣り派には大もの釣り派のプライドのようなものも見え隠れし

数釣りと大もの釣り。一見対極に見える両者だが、その基礎は全く同じだ

ています。これは実に面白い傾向です。お互いに表面上は決して相手をけなすようなことはないのですが、なぜかそんな感じです。今、本書を読んでいるあなたはどうですか、どちら派ですか？

数釣りも大もの釣りも極めるのは大変なことです。それぞれに苦労しながら、多くの経験を積んで技術を培ってきたわけですから、どちらがエライかなんてことはありません。どちらもエライのです。

ここで、ちょっと考えてみてください。数釣りと大もの釣り、一見両極端の釣りのように見えますが、実際はどうでしょうか、どちらも釣るのはサケ科の在来魚であることに変わりありません。そう、基礎は全く同じなのです。これはゼロ釣法の中にもパワータイプのゼロロッドによる大もの釣りの分野があることでもお分かりいただけると思います。だとすれば、今現在やや苦手意識がある方向の釣りも極めてみてはいかがでしょう。そのうち数釣りも大もの釣りも、どちらも好きだし得意だよといえるようになるはずです。片方の釣りだけをしていると釣りの時期にも偏りが出てきます。両方やって、シーズン通して楽しい渓流釣りに浸ったほうが絶対に得だと思うのですが。

そうなったとき、あなたは超一流の名手と呼ばれているでしょう。

IV

情報や名手の釣りから何を学ぶ？

情報は得た後が大事。整理して、生かす

情報収集の重要性は誰もが認めるところです。しかし一方では数限りなく発信される情報を片端から詰め込んだ挙句、頭でっかちの釣り人になってしまうことの危険性についても、またそれが今いち釣れない人の特徴であることも先に説いたとおりです。

繰り返しますが大切なのは、まず情報を整理することです。天気予報や河川の水位情報など、釣行予定日の釣りの可否にかかわるものは必須情報とします。これらは公的機関のホームページ等で予報も含めてゲットできます。

次に釣果情報です。スポーツ新聞や釣り雑誌等のほか、今ではフェイスブックやツイッター、ライン等SNSでの釣友同士のつながりからほぼリアルタイムの情報が飛び込んで来る時代になりました。ところが実はこれを鵜呑《うの》みにするのが一番怖いことなのです。どんなに早いといってもたいていの場合、ちまたに情報が流れてからでは後の祭りが多いのが実情で、「釣れると聞いたのに釣れなかったじゃないか」で終わってしまいます。魚種によって一概にはいえませんが、川釣りの中でも特に渓流釣りは、釣り場の変化が激しいので注意が必要です。

そこでまず、入手した情報を漠然とした情報と細部にわたる情報に分け、さらに自分に必要な情報とそうでない情報に分けます。そのうえでそれぞれを時系列に整理してみることです。1つの川の釣果情報を、昨日の情報、2~3日前、1週間前、2週間前、さらに1ヵ月前といった具合に整理すると、釣果の移り変わりのようすが見えてきます。同時にそれを川全体の傾向と詳細なポイント毎の傾向とに分けて利用します。さらに、情報の発信源となっている釣り人のレベルは自分と比べて上・下・同じくらいか？　といったことも考慮しながらその川の釣果予測を立てていくのです。

以上は一般に入手しやすい情報の整理についてですが、できれば川ごとに釣り場に精通した釣友を作るのが一番。信頼できる釣友に電話を入れるだけで確実な情報をゲットすることができます。もちろん、サオをだす頻度が高いホームグラウンド的な川では、他の情報よりも自分の感覚を第一に判断を下すべきであることはいうまでもありません。

整理した情報をどう生かしていくかは、本書をここまで読んで自分の釣りを見直すことができた釣り人ならたやすいことです。

見切りのタイミングは釣果に直結する

ある程度の腕を持つ2人が一緒に渓流釣りに行ったとします。お昼を合図に合流しようと約束して、いったん別れます。サオを仕舞った段階で1人は数百メートルの範囲を釣って30尾、もう1人は倍の距離を釣り歩いて半分の15尾の釣果でした。ポイントごとにじっくりと時間をかけて探ったほうが数が伸びた例です。

ところが次の釣行時にはその逆でした。時間をかけてじっくり釣ったにもかかわらず、足早に拾い釣りしたほうが数が伸びたのです。

渓流釣りにおいて、経験を積むことで培われる技術の1つにポイントの見切りがあります。ところが案外つかめていないのがそのタイミングです。通常は小さなポイント＝早い見切り、大きなポイント＝じっくり探るを念頭に、アタリの有無を確かめながら見切るタイミングを計っていきますが、必ずしもそうではない場合もあります。

その川の傾向やそのときの状況で早い見切りが功を奏する場合と、じっくりねらって1尾目を引き出すことで同じポイントで数がまとまる場合があります。逆に、同じようにじっくりねらえば数尾出るポイントで、最初の1尾だけを釣って移動してしまうこともあるでしょう。

安定した釣果を上げる釣り人はこれを実にそつなくこなしているのです。もし上手な人に同行する機会があれば、交互にサオをだしながら釣り上がり、あるいは釣り下ってみるとよいでしょう。微妙な見切りのタイミングが見えてくると思います。

ケースバイ・ケースで一概にはいえませんが、アタリが頻繁に出るときは早い見切りを、スレがひどいときにはじっくり粘ることを心がけましょう。そのためにはどんなポイントも釣りこなせる技量を持つことが前提条件です。もちろん、皆さんはそのレベルに到達している釣り人ですから、自身を持って見切りのタイミングを会得しましょう。

もっと大きな目線でとらえるなら、全く釣れないポイントが続くようなところでいつまでも粘るよりは、いったん車に戻って大きな移動を試みるなり、ときには川を変えたほうがよい場合もあります。これも見切りの1つです。

師匠への最大の恩返しとは

渓流釣りの師匠と呼べる名手が身近にいると仮定します。あなたはこれまでに師匠から多くのことを学んできたはずです。そして自らも経験を積む中で、知らず知らずのうちに師匠の釣りに似てきた部分があると思います。それはサオを持つ姿勢であったり、振り込み方、仕掛けの流し方、ポイント取りの方法であったりします。

また一方では、もっと渓流域での釣りを突き詰めたいとか、自分には本流の釣りが合っている、あるいはゼロ釣法を極めたいなど、これから先の目差したい方向が見えてくるはずです。渓流釣りの基本はどんな釣法であれ大きく変わるものではないので師匠に聞けばある程度のことは分かりますが、もう一歩先をというときには、無理に義理を果たす必要はありません。

師匠は1人に限る必要はないのです。自分の目差す分野に特化した名手がいれば遠慮なく教えを請うてみるべきです。そこでネットを利用するのもありだと思います。ブログやフェイスブックを解説している釣り人なら、直接質問をぶつけることも可能です。もしもこれから師匠を求めるのであれば、自分が目差す方向性とマッチした釣法に秀でた人を求

疑問や悩みが生じたときは、釣り具メーカーや釣具店が開催する講習会などに積極的に参加してヒントを得るのも手だ

めるようにしましょう。

そして最終的には、「自分の釣りを超える人はそんなにいない」と思えるまでに技術を研鑽《けんさん》し、人から教えを請われる、名手と呼ばれる釣り人になれるように頑張るのです。それが師匠に対する最大の恩返しになるはずです。

またそれとは別に、釣りを続ける限り大切にしていきたいのが仲間です。同じ目線で物事を見聞きして、語ることができる釣り仲間の存在は非常に大きなものがあります。一緒に考え、釣行することで、お互いの技術向上になくてはならない存在となっていくことでしょう。

そしてもう1つ、釣り具メーカーや釣具店が開催するフィールドテスターの講演会、講習会に参加するのも情報収集や疑問点の解決に一役買ってくれます。多くの場合、質疑応答の時間が設けられているので聞きたいことをどんどん質問してみましょう。実釣講習会などがあれば最高の勉強の機会になるはずです。

1人の師匠にこだわることなく、多くの釣り人と接することが新しい情報収集と釣技向上に役立ちます。

「やってみて、言って聞かせて、させてみて」あなたも師匠に

僕が尊敬する先人の一人、大日本帝国海軍連合艦隊の山本五十六司令長官はいくつかの名言を遺しています。その中に「やってみせ、言って聞かせて、させてみて、誉めてやらねば、人は動かじ」があります。実際にはこのあとにまだ続きがあるのですが、よく指導者たるものの心構えとして引き合いに出される名言です。

釣りの世界も同じだと思います。

僕の渓流釣りは、郡上の職漁師と呼ばれる人たちを踏襲した釣法が軸になっています。郡上の職漁師の釣りを直接継承しているのは、恐らく僕の世代が最後です。僕が渓流釣りの師と仰いだ〝万さ〟こと古田万吉さんや、芳花園のおじいちゃんこと恩田俊雄さんは、技術的にはもちろん理論もしっかりしていて、それぞれ分かりやすく教えてくれました。目の前で実践しながら話し、聞かせて説明してくれました。教えてもらったとおりにできて釣ったときには、しっかりほめてくれました。

そんな名手たちに囲まれた環境で育つことができたのは僕にとって本当に幸せでした。そして、教え上手な師匠に巡り合うことができれば、釣り人は誰もが名手になれる可能性

を秘めているものです。

そこでお願いです。あなたが名手と呼ばれる釣り人になったとき、そこで満足しないでください。ぜひ身につけた技術を理論化できるようにしてください。そうすることで自分

恩田俊雄さん。僕が渓流釣りの師と仰いだ一人。“釣聖”とも称された恩田さんの技と心を、僕もまた１人でも多くの人に伝えていきたい

の釣りに確固たる自信が持てるようになるはずです。もちろん理論が先走ってはダメですし、感覚的な部分が多いのが釣りの世界であることも事実ですから、何から何まで説明できるとは限りませんが……。

そんなあなたには、弟子と呼べるような釣り人が慕ってくることでしょう。そのときにこそ山本五十六の言葉のように、やってみせて、言って聞かせて、指導してあげてください。そして上手くできたら、お弟子さんを誉めてあげてください。きっとあなたの人となりと技術を受け継ぐ立派な釣り人が渓流釣りの楽しさを、さらに先の世代へと引き継いでいってくれることでしょう。

もしも弟子がいなければ、そんなときは頭の中で自問自答してみるとよいでしょう。それによって自分自身の曖昧《あいまい》な部分が見えてくるものです。さらに、人に教えることで自らが再認識することや、もっと学ぶべきことが見えてくるものと思います。

人に教えることを通じて自らの釣りをより高めることができれば、いうことなしではないですか。

川こそが最高の師匠

日本全国津々浦々、山間部を流れるほとんどの河川が渓流釣りのフィールドといっても過言ではありません。だからこそ渓流釣りが日本で栄えきたわけで、当たり前といわれれば当たり前なのですが、数ある渓流の中でも自分が一番足繁く通う川、ホームグラウンドは自ずと決まってくるものです。そんな1本の川へと通い続ける間に、知らず知らずのうちに川から学び取ることは多いはずです。

僕が渓流釣りを始めたのはまだ遠出もできない子どもの頃でした。せいぜい自転車で通える範囲の長良川水系がホームグラウンドになっていきました。小さな支流で最初のアマゴを釣りあげてから、長良川本流でアマゴを手にするまでに数年を要した記憶があります。釣行の足が自転車から単車に変わった頃、シーズンを通して長良川のある一定の区間だけを釣り続けたことがあります。実はこのシーズンこそが僕の渓流釣り人生で一番多くのことを学んだ期間となりました。

広大な本流の流れでもアマゴはいつも同じようなポイントで食ってくることを知り、食い波のなんぞやを知る大きなヒントを得ました。解禁当初から盛期に向かってパワーアップし、だんだん賢くなるアマゴとの駆け引きもこのとき勉強しました。爆釣することもあればコテンパンにやられることもあり、その度に敵討ちのための対策に頭をひねりました。そんなこんなで1シーズンを過ごす間に得たものが、今となっては財産になっています。体力と時間がある若いときだからこそできたことではありますが、僕にとって長良川が最高の師匠だったわけです。その後もやはり一番足繁く通う川であり、毎回挑戦と反省の繰り返しですが、おかげで長良川で学んだことは大いに役立っています。

ほかの川に遠征してみると、長良川とはまた違ったクセのある川が多いことも分かってきました。自分の引き出しがまた増えていくんだとその都度感じながら、川は変わっても渓流釣りの基本は変わらないことも身をもって感じることができました。

どれだけ名手に手取り足取り釣り方を教えてもらったとしても、噛み砕いて理論を教えてもらったとしても、結局はそれをフィールドで実践し、自分のものにしていかなければ身につきません。それを補ってくれるのが名手の指導であり、指南書であることは間違いありませんが、やはり川こそが最高の師匠なのです。

V

さらなる上達のために

心技体、まずは技に秀でよ

相撲や武道でよく耳にする「心技体」または「心技体の充実」という言葉、ものの本によると①身体の発育＝体、②勝負術の鍛錬＝技、③精神の修養＝心という意味で、この3つは関連するもので単に1つのみを探求すべきものではないそうです。実に意味深い言葉ですが、実現するにはどれほどの覚悟と修練が必要なのかと引いてしまいそうになります。

少し気軽に考え直して、渓流釣りに置き換えてみましょう。まずは体から。渓流釣りにも体力は必要です。最低限サオを自由に操ることができ、渓流を思うように歩き回れるだけの体力です。個人差や加齢による衰えもあり、誰もが充実した状態を長年保てるわけではないですが、それぞれに年齢相応、もしくはそれ以上の体力作りを心がけることは可能です。特にシーズンオフの過ごし方には要注意です。筋トレをやれとはいいませんが、それなりの体力保持に努めたいものです。ちなみに僕のシーズンオフは鉄砲をかついで野山を走り回るのが体力作りに一役買ってくれているようです。もちろん、人一倍体力に自信のある人はそれを武器にしない手はありません。強靭《きょうじん》な体力は集中力を維持するうえで大きな力となり、脚力があれば足で稼ぐ釣りには断然有利です。

次に技、これが一番難しいのは皆さんもよくご存じのとおりです。本書をはじめ釣りの指南書の多くはこの技に的を絞ったもので、釣技の向上を目差す内容となっています。いかに多くの釣り人が己の技術向上を求めているかということですが、解説書がたくさんあるということはある意味公平で、誰もが努力次第で一流になり得ることができる部分であるともいえるのです。くどいようですが常に初心を忘れることなく、経験を糧としながら技の向上に励んでください。

最後に心。気力、もしくは気の持ち方という見方をすると理解しやすいかもしれません。アユ釣りで大会に出場したことのある方なら経験があろうと思いますが、平常心で釣りをするのが思いのほか難しいと感じることがあります。意気込みが空回りして、やることなすこと裏目に出てしまうこともあります。ところが常に上位に顔を出すような名手の場合は違うのです。その釣り姿には自信があふれています。恐らく、大会という特殊な環境下でも周りの何物にも影響されない強い精神力を持ち合わせているのでしょう。人一倍努力した末に獲得した技術＝技に裏打ちされた大きな自信がその根底にあるのだと思われます。

そう、心の充実にとっても技の充実が必須なのです。回りくどくなってしまいましたが、何を差し置いてもやっぱり技術の研鑽は必要というお話でした。

万策尽きるまで釣るべし

あの手この手を繰り出して1尾、また1尾と渓魚を流れから引き出す。Ⅲ章ではいろいろなシチュエーションの中で、視点を変えながら注意すべき点、見直すべき点についてみてきました。経験を積み、慣れが生じてくることにより、とかく一辺倒になりがちな自らの釣りを多角的に見直すことで、1つのポイントをねらうにも多種多様なアプローチがあることはお分かりいただけたと思います。

刻々と変化する釣り場と魚に対応していくためには、さらに多くの打つべき手が出てくるのが渓流釣りであることも忘れてはいけません。

アタリが遠いとき、失敗が多くて釣果が伸びないとき、そんなときこそ今一度立ち止まって自分の釣りを見つめ直してみましょう。きっと解決策が見えてきます。それでもダメなら今度はこの手で、さらにあの手もあったなと……。本書をお読みいただき、経験値を高めたことによって、おそらくあなたの渓流釣りの策と技が詰まった引き出しの数は、確実に増えていると思います。考え得るあらゆる手段を用いて釣ることにより、必ず結果がついてくるようになったハズです。

人は1尾の渓魚との駆け引きや知恵比べであるドラマの完結を「釣りあげた」という一言ですませてしまいがちですが、そこに行き着くまでの道筋は決して1つではないということです。「釣りあげた」までになかなか辿り着けないときこそ、まだほかにもあるはずの道を探すことが非常に大切になってきますし、結果もよい方向へと変わってくる可能性大です。

それはタックルを見直すことかもしれないし、エサの種類を変えてみることかもしれません。それに伴いポイント取り、流し方、アワセといったテクニックを変える必要性に迫られることもあるでしょう。それらをぜひ、あなたの策が詰まった引き出しの中から選び出してほしいのです。

順調にアタリが出て思うような釣りができているときでも、さらにもう一手を打つことで、より釣果を伸ばすことができるでしょう。アユ釣りにおける束釣りではないですが、たまには「これでもかっ」ていうほど釣ってみたいものです。

釣れないときもそれなりに、釣れるときはもっと釣るために、万策尽きるまで釣りをしましょう。その後は最高の満足感が得られるでしょう。とはいえやみくもに釣果を伸ばすのが目的ではありません。釣りすぎたときはリリースを、ということで誤解のないように。

心に「遊び」の余裕を持つということ

賢く、警戒心の強い渓魚との駆け引きが渓流釣りの醍醐味であり、難しさであることは折に触れて述べてきました。渓魚をよく理解し、正しいタックルやエサのチョイスを行ない、的確な情報収集、装備は最先端のものを求め使いこなし、釣り場ではポイント取りから流し方といった技術面を徹底した反復練習で磨き上げる……。それなりに経験を積み、技術を身につけた釣り人は、気難しい渓魚の攻略に心血を注ぎ続けてきた成果を実感しているはずです。

勉学やスポーツ、仕事でもそうですが、努力がなければ結果はついてきません。ですから確かに、できるだけの努力はすべきです。

それでもどこかで緊張の糸が切れたとき、先の道が見えなくなってしまうことが多いのもまた事実です。誰の目から見ても中級、あるいはそろそろ上級といってもよいレベルの釣り人の中には、このようなある意味ナーバスな心境に達している人がけっこういるのではないでしょうか。血のにじむような努力、死に物狂いで励むその姿は、まるで求道者のようですごみさえも感じられます。僕自身、そんな思いで釣りをした時期もありました。

ところがある日家族に指摘され、ハッと我に返り気付いたのです。しょせんは釣りも趣味の1つであり、軽くいえば遊びなのだと。そう思い至ったとき、肩の力が抜けていくのを感じることができました。

今だからこそいえることですが、一所懸命が過ぎた挙句、にっちもさっちもいかなくなったその立ち位置が、先の道に進むのを邪魔していることがあります。最悪、「自分はここまでか?」とサオを置いてしまう人が多いのもこのタイミングなのです。

もしもそんな心境になってしまったとき、乗り越えるためにはどうしたらよいでしょうか。それこそ「気の持ち方」だと思うのです。

渓魚を釣ってやろうと意気込むのではなく、渓魚に遊んでもらうくらいの心の余裕を持つこと。そうすることで先が見えてくることがあります。仙人の心境になれとはいいませんが、もし釣りに行き詰まりを感じることがあったら一度初心に立ち返り、渓流釣りに足を踏み込んだ頃のあのドキドキ感を思い起こしてみましょう。そして渓流と周りの風景に溶け込んでみるなど、これまでと違った方角に気持ちを向けてみてください。きっと渓流とそこに棲む渓魚との一体感に浸ることができると思います。

華のある釣りを目差そう

サオを伸ばし、仕掛けをセットする。エサを付けて仕掛けを振り込む。ピンポイントの投餌点へと投入された仕掛けはスッと流れに馴染み、水面を滑るように、しかもゆっくりと流れ下る。仕掛けが流れのウケに差し掛かったとき、目印がゆっくりと変化したかと思うとスッと穂先が跳ね上がり、水面を割った渓魚がタモ目がけて飛んでくる。2投目、3投目、アタリが出ないのを確認すると目線は次のポイントを見据えている。すかさず立ち位置をずらして次の流れへ。同じ動作を繰り返しながら川岸を移動するその姿に無駄な動きは一切感じられない。決して派手さはないけれども、一挙手一投足に華があり、張り詰めた気迫のようなものさえ感じられる。同時にまた完全に自然の一部と化しているさまがうかがえます。

どうですか。渓流釣りを志す人の多くは、こんな情景を理想に、こうなりたいと日々努力していると思います。一連の動作すべてにおいて無駄を省いた動きを実現するには、それぞれの場面で確かな技術が求められます。そして集中力を途切れさせることなく、常に一歩先を見据えた動きをしているからこそ動きの中に、美しいリズムと余裕が生まれるの

何も語らずとも見る人がほれぼれするような、そんな立ち居振る舞いのできる釣り人を目差そう

です。僕のいう「華」とはそのことです。

　本書に列記した各コンテンツを読み解きながら、復習、実践していただければ、あなたの釣り姿にもきっと「華」が咲くことでしょう。

著者プロフィール

白滝治郎（しらたき・じろう）

1958年1月4日生まれ。岐阜県郡上市在住。

小学校に上がった年、職漁経験を持つ父・賢司に教えを請い、自宅近くの長良川支流でアマゴを釣って以来、渓流釣りにハマる。

伝統の郡上釣りによって培われた技術を伝承する釣り人の一人。現在は郡上釣りを進化させ細イトを使用して釣果を上げるテクニカル・チューン釣法を提唱する。2月の渓流釣り解禁から釣行が始まり、サツキマス釣り、アユ釣りと10月いっぱいまで川に入り浸る。

著作『渓流釣りがある日突然上手くなる』『渓流釣り入門』（いずれも、つり人社刊）のほか、月刊『つり人』誌上での渓流釣りグラビア記事など、釣技の解説に努めている。

郡上漁業協同組合組合員、DAIWA フィールドテスター、NPO法人長良川友釣り普及振興会理事長、中部銀影会会長。

渓流釣《けいりゅうつ》り 超思考法《ちょうしこうほう》

2017年4月1日発行

著　者　白滝治郎
発行者　山根和明
発行所　株式会社つり人社

〒101－8408　東京都千代田区神田神保町1－30－13
TEL 03－3294－0781（営業部）
TEL 03－3294－0766（編集部）
印刷・製本　図書印刷株式会社

乱丁、落丁などありましたらお取り替えいたします。

ISBN:978-4-86447-097-1 C2075
つり人社ホームページ　http://tsuribito.co.jp/
つり人オンライン　http://web.tsuribito.co.jp/
釣り人道具店　http://tsuribito-dougu.com/